世界遺産シリーズ

世界遺産ガイド

ーアメリカ合衆国編ー

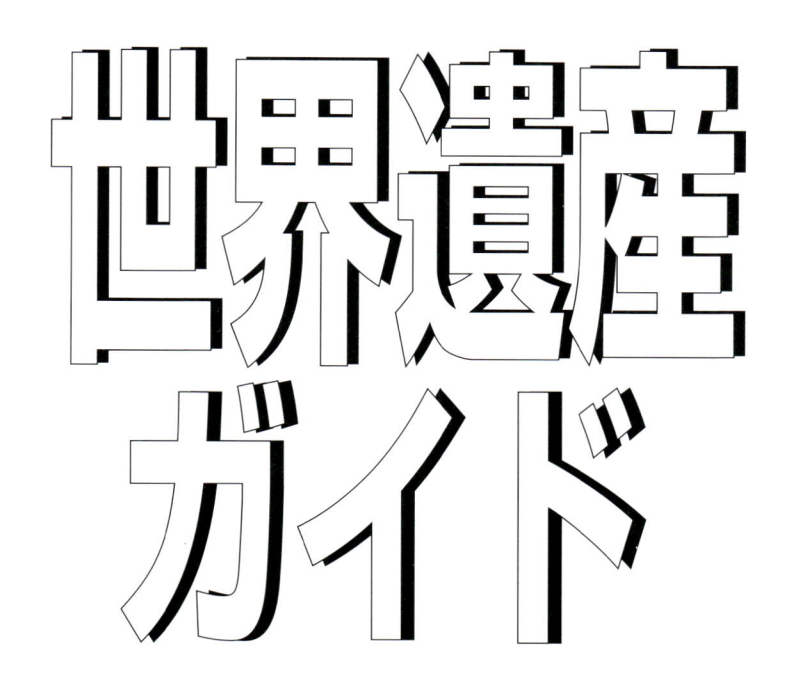

JN208716

【 目　次 】

■アメリカ合衆国の世界遺産（登録順）

■アメリカ合衆国の世界遺産暫定リスト記載物件　*103〜105*

■アメリカ合衆国の「世界の記憶」

■備考

は じ め に

　アメリカ合衆国（米国、USA）は、50の州および首都であるワシントンD.C.の連邦区からなる連邦共和国である。総面積は、983.4万km²で日本の約25倍、人口3億2700万人（2017年現在）で、日本の約2.6倍である。

　15世紀末のクリストファー・コロンブス（1451年頃～1506年）の北アメリカ大陸到達以来、当初はスペイン人、その後、ヨーロッパからフランス人や英国人などが移住、入植した白人の移民は、東部の海岸地方に住んでいた現地人のインディアンから土地を奪い定住していった。

　18世紀には英国はフランスとの植民地戦争に勝ち、その領土を拡大したが、1775年にアメリカ独立戦争（1775年4月19日～1783年9月3日）が勃発、1776年7月4日、アメリカ合衆国は独立した。

　13の州で独立した後、西部に広がる広大な土地に領土を広げると、ヨーロッパやアジアの旧世界とは異なる厖大な資源を獲得することとなった。

　20世紀にはアメリカは大国化し、国際政治の中で主導権をとらざるを得ない立場に立っていった。

　民族は、白人 72.4%、黒人 12.6%、アジアン 4.8%、アメリカ・インディアンとアラスカ先住民0.9%、ハワイ先住民およびその他の太平洋諸島の住民 0.2%など、言語は、英語79%、スペイン語 13%など、宗教は、プロテスタント 46.5%、カトリック 20.8%、ユダヤ教 1.9%、モルモン教 1.6%、他のキリスト教 0.9%、イスラム教 0.9%、エホバの証人 0.8%、仏教 0.7%、ヒンドゥー教0.7%などである。

　現在、アメリカ合衆国は、本土の48州と、飛び州のアラスカ州とハワイ州の2州、連邦直属の首都ワシントンD.C.から構成される。それに、海外領土のプエルトリコ、アメリカ領サモア、グアム、ヴァージン諸島などがある。

　アメリカ大陸の東側には南北にアパラチア山脈、大陸の西寄りには南北にロッキー山脈が走り、山岳地帯となっている。アパラチア山脈とロッキー山脈の間は大平原になっており、農業や牧畜業が盛んである。大陸の南東端にはフロリダ半島がある。北西部のカナダとの国境地域には世界最大の淡水湖群・五大湖（スペリオル湖、ミシガン湖、ヒューロン湖、エリー湖、オンタリオ湖）がある。

　アパラチア山脈の東側にはニューヨーク、ワシントンD.C.、ボストンなどの都市があり人口が集中している。ロッキー山脈の西側の太平洋沿岸にはロサンゼルス、サンフランシスコ、シアトル、五大湖の沿岸にはシカゴやデトロイトなどの大都市が立地する。

　アメリカ合衆国は、1945年に国際連合に加盟している。ユネスコについては、1945年11月にアメリカ合衆国など44か国の代表が集いロンドンで開催された国連会議において11月16日に採択されたユネスコ憲章に基づいて、1946年11月4日に設立され加盟した。

　しかし、1980年代には、ユネスコが第三世界およびソ連寄りになっていることに反発、1984年に脱退、その後、ユネスコの改革や改善が進んだということを受けて2003年に復帰、再加盟した。

　しかしながら、2017年に、再び、2018年末に脱退することを表明した。2011年にパレスチナがユネスコに正式に加盟したことが発端で、親イスラエルのアメリカは、ユネスコへの拠出金の支払いをイスラエルと共に停止、2013年、2年以上拠出金を滞納したことにより、アメリカとイスラエルは、ユネスコの議事への投票資格を停止された。

世界遺産条約については、その理念、草案などを提唱したアメリカ合衆国は、1973年7月12日に世界で最初に世界遺産条約を締約、2018年1月現在、同国の世界遺産の数は23で、ロシア連邦に次いで世界第10位である。

自然遺産は、1872年にアメリカで最初の国立公園となった「イエローストーン国立公園」、フロリダ半島最南端の湿地帯に広がる「エバーグレーズ国立公園」、世界屈指のスケールを誇る大峡谷「グランド・キャニオン国立公園」など12物件、文化遺産は、先住民族のアナサジ族が残した断崖にある集落遺跡群「メサ・ヴェルデ国立公園」、ペンシルバニア州フィラデルフィアにあるアメリカ独立宣言やアメリカ合衆国憲法が採択された「独立記念館」、ニューヨーク港内リバティ島にあるアメリカの自由と民主主義の象徴である「自由の女神像」、プエブロ文化の最大の中心地であった「チャコ文化」など10物件、複合遺産は、世界最大級の海洋保護区の一つである「パパハナウモクアケア」の1物件である。

これらのうち、「危機にさらされている世界遺産」は、「エバーグレーズ国立公園」で、生態系の劣化など、世界遺産地を取り巻く環境は、いつも脅威や危険にさらされてきた。

アメリカ合衆国は、世界遺産委員会の委員を1976〜1983年、1987〜1993年、1993〜1999年、2005〜2009年の4度務めている。

また、1978年9月の第2回世界遺産委員会(議長ディビッド・ヘイル Mr.David Hales)は、首都のワシントンD.C.で、1992年の第16回世界遺産委員会(議長ジェニファー・ソールズベリー Ms.Jennifer Salisbury)は、ニューメキシコ州の州都サンタ・フェと、アメリカ合衆国では二度、開催されている。

1978年の第2回世界遺産委員会がワシントンD.C.にて開催され、イエローストーン、メサ・ヴェルデ、ナハニ国立公園、ランゾーメドーズ国立歴史公園、ガラパゴス諸島、キト、アーヘン大聖堂、ヴィエリチカ塩坑、クラクフの歴史地区、シミエン国立公園、ラリベラの岩の教会、ゴレ島の12物件(自然遺産4 文化遺産8)が、最初の世界遺産として登録された。そのうち、アメリカ合衆国の世界遺産は、自然遺産の「イエローストーン」、文化遺産の「メサ・ヴェルデ」の2物件である。 (物件名は登録当時の名称)

アメリカ合衆国の世界遺産は、連邦政府の内務省国立公園局(National Park Service NPS)が管理している。

世界遺産暫定リストには、「公民権運動の地」、「フランク・ロイド・ライトの建造物群」、「ブルックリン橋」、「カリフォルニア海流保全地域」など20物件が記載されている。

世界無形文化遺産については、アメリカ合衆国は、未だ無形文化遺産保護条約を締約していない。

世界の記憶については、米国議会図書館所蔵の「プトレマイオスの慣例に習いアメリゴ・ヴェスプッチの探検を組み入れた世界地図」、フランクリン・D・ルーズベルト大統領図書館などに所蔵の「エレノア・ルーズベルト文書プロジェクトの常設展」など11件が登録されている。

本書、「世界遺産ガイドーアメリカ合衆国編ー」では、これまでのアメリカ合衆国の世界遺産にかかわる記録を整理することを目的にアメリカ合衆国の概観、世界遺産（自然遺産、文化遺産、複合遺産、それに世界遺産暫定リスト記載物件に加えて、世界の記憶などユネスコ遺産の全般を網羅させた。

本書の作成にあたり、写真提供等にご協力いただきました関係各位に、感謝申し上げます。

2018年1月1日　古田陽久

ユネスコ世界遺産の概要

第41回世界遺産委員会クラクフ会議

ポーランド・クラクフの国際会議センター（ICE）での会議の様子

写真：古田陽久

① ユネスコとは

ユネスコ（UNESCO＝United Nations Educational, Scientific and Cultural Organization）は、国連の教育、科学、文化分野の専門機関。人類の知的、倫理的連帯感の上に築かれた恒久平和を実現するために1946年11月4日に設立された。その活動領域は、教育、自然科学、人文・社会科学、文化、それに、コミュニケーション・情報。ユネスコ加盟国は、現在195か国、準加盟地域10。ユネスコ本部はフランスのパリにあり、世界各地に55か所の地域事務所がある。2016-2017年度通常予算（2年分）667百万米ドル。主要国分担率は、米国（22%：未払い）、日本（9.679%）、中国（7.920%）、ドイツ（6.389%）、フランス（4.859%）。事務局長は、オードレイ・アズレー氏＊（Audrey Azoulay フランス前文化通信大臣）。

＊1972年パリ生まれ、パリ政治学院、フランス国立行政学院（ENA）、パリ大学に学ぶ。フランス国立映画センター（CNC）、大統領官邸文化広報顧問等重要な役職を務め、フランスの国際放送の立ち上げや公共放送の改革などに取り組むなど文化行政にかかわり、文化通信大臣を務める。2017年3月のイタリアのフィレンツェでの第1回G7文化大臣会合での文化遺産保護（特に武力紛争下における保護）の重要性など「国民間の対話の手段としての文化」に関する会合における「共同宣言」への署名などに主要な役割を果たし、2017年11月、イリーナ・ボコヴァ氏に続く女性としては二人目、フランス出身のユネスコ事務局長は1962〜1974年まで務めたマウ氏に続いて2人目のユネスコ事務局長に就任。

<ユネスコの歴代事務局長>

	出身国	在任期間
1. ジュリアン・ハクスリー	イギリス	1946年12月〜1948年12月
2. ハイメ・トレス・ボデー	メキシコ	1948年12月〜1952年12月
（代理）ジョン・W・テイラー	アメリカ	1952年12月〜1953年 7月
3. ルーサー・H・エバンス	アメリカ	1953年 7月〜1958年12月
4. ヴィットリーノ・ヴェロネーゼ	イタリア	1958年12月〜1961年11月
5. ルネ・マウ	フランス	1961年11月〜1974年11月
6. アマドゥ・マハタール・ムボウ	セネガル	1974年11月〜1987年11月
7. フェデリコ・マヨール	スペイン	1987年11月〜1999年11月
8. 松浦晃一郎	日本	1999年11月〜2009年11月
9. イリーナ・ボコヴァ	ブルガリア	2009年11月〜2017年11月
10. オードレイ・アズレー	フランス	2017年11月〜現在

ユネスコの事務局長選挙は、58か国で構成する執行委員会が実施し、過半数である30か国の支持を得た候補者が当選する。
投票は当選者が出るまで連日行われ、決着がつかない場合は上位2人が決選投票で勝敗を決める。
ユネスコ総会での信任投票を経て、就任する。任期は4年。

② 世界遺産とは

世界遺産（World Heritage）とは、世界遺産条約に基づきユネスコの世界遺産リストに登録されている世界的に「顕著な普遍的価値」（Outstanding Universal Value）を有する遺跡、建造物群、モニュメントなどの文化遺産、それに、自然景観、地形・地質、生態系、生物多様性などの自然遺産など国家や民族を超えて未来世代に引き継いでいくべき人類共通のかけがえのない自然と文化の遺産をいう。

③ ユネスコ世界遺産が準拠する国際条約

世界の文化遺産及び自然遺産の保護に関する条約（通称：**世界遺産条約**）
（Convention for the Protection of the World Cultural and Natural Heritage）
<1972年11月開催の第17回ユネスコ総会で採択>

＊ユネスコの世界遺産に関する基本的な考え方は、世界遺産条約にすべて反映されているが、この世界遺産条約を円滑に履行していくためのガイドライン（Operational Guidelines for the Implementation of the World Heritage Convention）を設け、その中で世界遺産リストの登録基準、或は、危機にさらされている世界遺産リストの登録基準や世界遺産基金の運用などについて細かく定めている。

④ 世界遺産条約の成立の経緯とその後の展開

1872年	アメリカ合衆国が、世界で最初の国立公園法を制定。イエローストーンが世界最初の国立公園になる。
1948年	IUCN（国際自然保護連合）が発足。
1954年	ハーグで「軍事紛争における文化財の保護のための条約」を採択。
1959年	アスワン・ハイ・ダムの建設（1970年完成）でナセル湖に水没する危機にさらされたエジプトのヌビア遺跡群の救済を目的としたユネスコの国際的キャンペーン。文化遺産保護に関する条約の草案づくりを開始。
〃	ICCROM（文化財保存修復研究国際センター）が発足。
1962年	IUCN第1回世界公園会議、アメリカのシアトルで開催、「国連保護地域リスト」（United Nations List of Protected Areas）の整備。
1960年代半ば	アメリカ合衆国や国連環境会議などを中心にした自然遺産保護に関する条約の模索と検討。
1964年	ヴェネツィア憲章採択。
1965年	ICOMOS（国際記念物遺跡会議）が発足。
1965年	米国ホワイトハウス国際協力市民会議「世界遺産トラスト」（World Heritage Trust）の提案。
1966年	スイス・ルッツェルンでの第9回IUCN・国際自然保護連合の総会において、世界的な価値のある自然地域の保護のための基金の創設について議論。
1967年	アムステルダムで開催された国際会議で、アメリカ合衆国が自然遺産と文化遺産を総合的に保全するための「世界遺産トラスト」を設立することを提唱。
1970年	「文化財の不正な輸入、輸出、および所有権の移転を禁止、防止する手段に関する条約」を採択。
1971年	ニクソン大統領、1972年のイエローストーン国立公園100周年を記念し、「世界遺産トラスト」を提案（ニクソン政権に関するメッセージ）、この後、IUCN（国際自然保護連合）とユネスコが世界遺産の概念を具体化するべく世界遺産条約の草案を作成。
〃	ユネスコとICOMOS（国際記念物遺跡会議）による「普遍的価値を持つ記念物、建造物群、遺跡の保護に関する条約案」提示。
1972年	ユネスコはアメリカの提案を受けて、自然・文化の両遺産を統合するための専門家会議を開催、これを受けて両草案はひとつにまとめられた。
〃	ストックホルムで開催された国連人間環境会議で条約の草案報告。
〃	パリで開催された第17回ユネスコ総会において採択。
1975年	世界の文化遺産及び自然遺産の保護に関する条約発効。
1977年	第1回世界遺産委員会がパリにて開催される。
1978年	第2回世界遺産委員会がワシントンにて開催される。イエローストーン、メサ・ヴェルデ、ナハニ国立公園、ランゾーメドーズ国立歴史公園、ガラパゴス諸島、キト、アーヘン大聖堂、ヴィエリチカ塩坑、クラクフの歴史地区、シミエン国立公園、ラリベラの岩の教会、ゴレ島の12物件が初の世界遺産として登録される。（自然遺産4　文化遺産8）
1989年	日本政府、日本信託基金をユネスコに設置。
1992年	ユネスコ事務局長、ユネスコ世界遺産センターを設立。
1996年	IUCN第1回世界自然保護会議、カナダのモントリオールで開催。
2000年	ケアンズ・デシジョンを採択。
2002年	国連文化遺産年。
〃	ブダペスト宣言採択。
〃	世界遺産条約採択30周年。
2004年	蘇州デシジョンを採択。
2006年	無形遺産の保護に関する条約が発効。
〃	ユネスコ創設60周年。
2007年	文化的表現の多様性の保護および促進に関する条約が発効。
2009年	水中文化遺産保護に関する条約が発効。

ユネスコ世界遺産の概要

2011年	第18回世界遺産条約締約国総会で「世界遺産条約履行の為の戦略的行動計画2012～2022」を決議。
2012年	世界遺産条約採択40周年記念行事　メイン・テーマ「世界遺産と持続可能な発展：地域社会の役割」
2015年	平和の大切さを再認識する為の「世界遺産に関するボン宣言」を採択。
2016年10月24～26日	第40回世界遺産委員会イスタンブール会議は、不測の事態で3日間中断、未審議となっていた登録範囲の拡大など境界変更の申請、オペレーショナル・ガイドラインズの改訂など懸案事項の審議を、パリのユネスコ本部で再開。
2017年	世界遺産条約締約国数　193か国（8月現在）
2017年10月5～6日	ドイツのハンザ都市リューベックで第3回ヨーロッパ世界遺産協会の会議。
2020年6月～7月	第44回世界遺産委員会から、新登録に関わる登録推薦件数は1国1件、審査件数の上限は35になる。
2022年	世界遺産条約採択50周年
2030年	持続可能な開発目標（SDGs）17ゴール

⑤ 世界遺産条約の理念と目的

「顕著な普遍的価値」（Outstanding Universal Value）を有する自然遺産および文化遺産を人類全体のための世界遺産として、破壊、損傷等の脅威から保護・保存することが重要であるとの観点から、国際的な協力および援助の体制を確立することを目的としている。

⑥ 世界遺産条約の主要規定

- 保護の対象は、遺跡、建造物群、記念工作物、自然の地域等で普遍的価値を有するもの（第1～3条）。
- 締約国は、自国内に存在する遺産を保護する義務を認識し、最善を尽くす（第4条）。また、自国内に存在する遺産については、保護に協力することが国際社会全体の義務であることを認識する（第6条）。
- 「世界遺産委員会」（委員国は締約国から選出）の設置（第8条）。「世界遺産委員会」は、各締約国が推薦する候補物件を審査し、その結果に基づいて「世界遺産リスト」、また、大規模災害、武力紛争、各種開発事業、それに、自然環境の悪化などの事由で、極度な危機にさらされ緊急の救済措置が必要とされる物件は「危機にさらされている世界遺産リスト」を作成する。（第11条）。
- 締約国からの要請に基づき、「世界遺産リスト」に登録された物件の保護のための国際的援助の供与を決定する。同委員会の決定は、出席しかつ投票する委員国の2／3以上の多数による議決で行う（第13条）。
- 締約国の分担金（ユネスコ分担金の1％を超えない額）、および任意拠出金、その他の寄付金等を財源とする、「世界遺産」のための「世界遺産基金」を設立（第15条、第16条）。
- 「世界遺産委員会」が供与する国際的援助は、調査・研究、専門家派遣、研修、機材供与、資金協力等の形をとる（第22条）。
- 締約国は、自国民が「世界遺産」を評価し尊重することを強化するための教育・広報活動に努める（第27条）。

⑦ 世界遺産条約の事務局と役割

ユネスコ世界遺産センター（UNESCO World Heritage Centre）
　　所長：メヒティルト・ロスラー氏（Dr. Mechtild Rössler　2015年9月～
　　　　　（専門分野　文化・自然遺産、計画史、文化地理学、地球科学など
　　　　　　1991年からユネスコに奉職、1992年からユネスコ世界遺産センター、
　　　　　　2003年から副所長を経て現職、文化局・文化遺産部長兼務　ドイツ出身）
7 place de Fontenoy　75352 Paris 07 SP France　℡33-1-45681889　Fax 33-1-45685570
電子メール：wh-info@unesco.org　インターネット：http://www.unesco.org/whc

ユネスコ世界遺産センターは1992年にユネスコ事務局長によって設立され、ユネスコの組織では、現在、文化セクターに属している。スタッフ数、組織、主な役割と仕事は、次の通り。

＜スタッフ数＞　約60名

＜組織＞
　自然遺産課、政策、法制整備課、促進・広報・教育課、アフリカ課、アラブ諸国課、
　アジア・太平洋課、ヨーロッパ課、ラテンアメリカ・カリブ課、世界遺産センター事務部

＜主な役割と仕事＞
●世界遺産ビューロー会議と世界遺産委員会の運営
●締結国に世界遺産を推薦する準備のためのアドバイス
●技術的な支援の管理
●危機にさらされた世界遺産への緊急支援
●世界遺産基金の運営
●技術セミナーやワークショップの開催
●世界遺産リストやデータベースの作成
●世界遺産の理念を広報するための教育教材の開発。

＜ユネスコ世界遺産センターの歴代所長＞

	出身国	在任期間
●バーン・フォン・ドロステ（Bernd von Droste）	ドイツ	1992年～1999年
●ムニール・ブシュナキ（Mounir Bouchenaki）	アルジェリア	1999年～2000年
●フランチェスコ・バンダリン（Francesco Bandarin）	イタリア	2000年9月～2010年
●キショール・ラオ（Kishore Rao）	インド	2011年3月～2015年8月
●メヒティルト・ロスラー（Mechtild Rossler）	ドイツ	2015年9月～

⑧ **世界遺産条約の締約国（193の国と地域）と世界遺産の数（167の国と地域　1073物件）**

　2018年1月現在、167の国と地域1073物件（**自然遺産** 206物件、**文化遺産** 832物件、**複合遺産** 35物件）が、このリストに記載されている。また、大規模災害、武力紛争、各種開発事業、それに、自然環境の悪化などの事由で、極度な危機にさらされ緊急の救済措置が必要とされる物件は「**危機にさらされている世界遺産リスト**」（略称 危機遺産リスト　本書では、★【危機遺産】と表示）に登録され、2018年1月現在、54物件（34の国と地域）が登録されている。

＜地域別・世界遺産条約締約日順＞　※地域分類は、ユネスコ世界遺産センターの分類に準拠。

＜**アフリカ**＞締約国（46か国）　※国名の前の番号は、世界遺産条約の締約順。

国　　名	世界遺産条約締約日	自然遺産	文化遺産	複合遺産	合計	【うち危機遺産】
8　コンゴ民主共和国	1974年 9月23日 批准 (R)	5	0	0	5	(5)
9　ナイジェリア	1974年10月23日 批准 (R)	0	2	0	2	(0)
10　ニジェール	1974年12月23日 受諾 (Ac)	2 *⑮	1	0	3	(1)
16　ガーナ	1975年 7月 4日 批准 (R)	0	2	0	2	(0)
21　セネガル	1976年 2月13日 批准 (R)	2	5 *⑱	0	7	(1)
27　マリ	1977年 4月 5日 受諾 (Ac)	0	3	1	4	(3)
30　エチオピア	1977年 7月 6日 批准 (R)	1	8	0	9	(0)
31　タンザニア	1977年 8月 2日 批准 (R)	3	3	1	7	(1)
44　ギニア	1979年 3月18日 批准 (R)	1 *②	0	0	1	(1)
51　セイシェル	1980年 4月 7日 受諾 (Ac)	2	0	0	2	(0)
55　中央アフリカ	1980年12月22日 批准 (R)	2 *㉖	0	0	2	(1)
56　コートジボワール	1981年 1月 9日 批准 (R)	3 *②	1	0	4	(1)
61　マラウイ	1982年 1月 5日 批准 (R)	1	1	0	2	(0)

ユネスコ世界遺産の概要

					自然	文化	複合	合計	【危機】
64	ブルンディ	1982年 5月19日	批准	(R)	0	0	0	0	(0)
65	ベナン	1982年 6月14日	批准	(R)	1＊㉟	1	0	2	(0)
66	ジンバブエ	1982年 8月16日	批准	(R)	2＊①	3	0	5	(0)
68	モザンビーク	1982年11月27日	批准	(R)	0	1	0	1	(0)
69	カメルーン	1982年12月 7日	批准	(R)	2＊㉖	0	0	2	(0)
74	マダガスカル	1983年 7月19日	批准	(R)	2	1	0	3	(1)
80	ザンビア	1984年 6月 4日	批准	(R)	1＊①	0	0	1	(0)
90	ガボン	1986年12月30日	批准	(R)	0	0	1	1	(0)
93	ブルキナファソ	1987年 4月 2日	批准	(R)	1＊㉟	1	0	2	(0)
94	ガンビア	1987年 7月 1日	批准	(R)	0	2＊⑱	0	2	(0)
97	ウガンダ	1987年11月20日	受諾	(Ac)	2	1	0	3	(1)
98	コンゴ	1987年12月10日	批准	(R)	1＊㉖	0	0	1	(0)
100	カーボヴェルデ	1988年 4月28日	受諾	(Ac)	0	1	0	1	(0)
115	ケニア	1991年 6月 5日	受諾	(Ac)	3	3	0	6	(0)
120	アンゴラ	1991年11月 7日	批准	(R)	0	1	0	1	(0)
143	モーリシャス	1995年 9月19日	批准	(R)	0	2	0	2	(0)
149	南アフリカ	1997年 7月10日	批准	(R)	3	5	1＊㉘	9	(0)
152	トーゴ	1998年 4月15日	受諾	(Ac)	0	1	0	1	(0)
155	ボツワナ	1998年11月23日	受諾	(Ac)	1	1	0	2	(0)
156	チャド	1999年 6月23日	批准	(R)	1	0	1	2	(0)
158	ナミビア	2000年 4月 6日	受諾	(Ac)	1	1	0	2	(0)
160	コモロ	2000年 9月27日	批准	(R)	0	0	0	0	(0)
161	ルワンダ	2000年12月28日	受諾	(Ac)	0	0	0	0	(0)
167	エリトリア	2001年10月24日	受諾	(Ac)	0	1	0	1	(0)
168	リベリア	2002年 3月28日	受諾	(Ac)	0	0	0	0	(0)
177	レソト	2003年11月25日	受諾	(Ac)	0	0	1＊㉘	1	(0)
179	シエラレオネ	2005年 1月 7日	批准	(R)	0	0	0	0	(0)
181	スワジランド	2005年11月30日	批准	(R)	0	0	0	0	(0)
182	ギニア・ビサウ	2006年 1月28日	批准	(R)	0	0	0	0	(0)
184	サントメ・プリンシペ	2006年 7月25日	批准	(R)	0	0	0	0	(0)
185	ジブチ	2007年 8月30日	批准	(R)	0	0	0	0	(0)
187	赤道ギニア	2010年 3月10日	批准	(R)	0	0	0	0	(0)
192	南スーダン	2016年 3月 9日	批准	(R)	0	0	0	0	(0)
	合計	35か国			37	51	5	93	(15)
	（　）内は複数国にまたがる物件				(4)	(1)	(1)	(6)	(1)

＜アラブ諸国＞締約国（19の国と地域）　※国名の前の番号は、世界遺産条約の締約順。

	国　　名	世界遺産条約締約日			自然遺産	文化遺産	複合遺産	合計	【うち危機遺産】
2	エジプト	1974年 2月 7日	批准	(R)	1	6	0	7	(1)
3	イラク	1974年 3月 5日	受諾	(Ac)	0	4	1	5	(3)
5	スーダン	1974年 6月 6日	批准	(R)	1	2	0	3	(0)
6	アルジェリア	1974年 6月24日	批准	(R)	0	6	1	7	(0)
12	チュニジア	1975年 3月10日	批准	(R)	1	7	0	8	(0)
13	ヨルダン	1975年 5月 5日	批准	(R)	0	5	1	6	(1)
17	シリア	1975年 8月13日	受諾	(Ac)	0	6	0	6	(6)
20	モロッコ	1975年10月28日	批准	(R)	0	9	0	9	(0)
38	サウジアラビア	1978年 8月 7日	受諾	(Ac)	0	4	0	4	(0)
40	リビア	1978年10月13日	批准	(R)	0	5	0	5	(5)
54	イエメン	1980年10月 7日	批准	(R)	1	3	0	4	(3)
57	モーリタニア	1981年 3月 2日	批准	(R)	1	1	0	2	(0)
60	オマーン	1981年10月 6日	受諾	(Ac)	0	4	0	4	(0)
70	レバノン	1983年 2月 3日	批准	(R)	0	5	0	5	(0)

81	カタール	1984年 9月12日	受諾 (Ac)	0	1	0	1	(0)
114	バーレーン	1991年 5月28日	批准 (R)	0	2	0	2	(0)
163	アラブ首長国連邦	2001年 5月11日	加入 (A)	0	1	0	1	(0)
171	クウェート	2002年 6月 6日	批准 (R)	0	0	0	0	(0)
189	パレスチナ	2011年12月 8日	批准 (R)	0	3	0	3	(3)
	合計	18の国と地域		5	74	3	81	(22)

<アジア・太平洋>締約国(44か国)

※国名の前の番号は、世界遺産条約の締約順。

	国名	世界遺産条約締約日		自然遺産	文化遺産	複合遺産	合計	【うち危機遺産】
7	オーストラリア	1974年 8月22日	批准 (R)	12	3	4	19	(0)
11	イラン	1975年 2月26日	受諾 (Ac)	1	21	0	22	(0)
24	パキスタン	1976年 7月23日	批准 (R)	0	6	0	6	(0)
34	インド	1977年11月14日	批准 (R)	8	27*[33]	1	36	(0)
36	ネパール	1978年 6月20日	受諾 (Ac)	2	2	0	4	(0)
45	アフガニスタン	1979年 3月20日	批准 (R)	0	2	0	2	(2)
52	スリランカ	1980年 6月 6日	受諾 (Ac)	2	6	0	8	(0)
75	バングラデシュ	1983年 8月 3日	受諾 (Ac)	1	2	0	3	(0)
82	ニュージーランド	1984年11月22日	批准 (R)	2	0	1	3	(0)
86	フィリピン	1985年 9月19日	批准 (R)	3	3	0	6	(0)
87	中国	1985年12月12日	批准 (R)	12	36*[30]	4	52	(0)
88	モルジブ	1986年 5月22日	受諾 (Ac)	0	0	0	0	(0)
92	ラオス	1987年 3月20日	批准 (R)	0	2	0	2	(0)
95	タイ	1987年 9月17日	受諾 (Ac)	2	3	0	5	(0)
96	ヴェトナム	1987年10月19日	受諾 (Ac)	2	5	1	8	(0)
101	韓国	1988年 9月14日	受諾 (Ac)	1	11	0	12	(0)
105	マレーシア	1988年12月 7日	批准 (R)	2	2	0	4	(0)
107	インドネシア	1989年 7月 6日	受諾 (Ac)	4	4	0	8	(1)
109	モンゴル	1990年 2月 2日	受諾 (Ac)	2*[13][37]	3	0	5	(0)
113	フィジー	1990年11月21日	批准 (R)	0	1	0	1	(0)
121	カンボジア	1991年11月28日	受諾 (Ac)	0	3	0	3	(0)
123	ソロモン諸島	1992年 6月10日	加入 (A)	1	0	0	1	(1)
124	日本	1992年 6月30日	受諾 (Ac)	4	17*[33]	0	21	(0)
127	タジキスタン	1992年 8月28日	承継の通告(S)	1	1	0	2	(0)
131	ウズベキスタン	1993年 1月13日	承継の通告(S)	1*[32]	4	0	5	(1)
137	ミャンマー	1994年 4月29日	受諾 (Ac)	0	1	0	1	(0)
138	カザフスタン	1994年 4月29日	受諾 (Ac)	2*[32]	3*[30]	0	5	(0)
139	トルクメニスタン	1994年 9月30日	承継の通告(S)	0	3	0	3	(0)
142	キルギス	1995年 7月 3日	受諾 (Ac)	1*[32]	2*[30]	0	3	(0)
150	パプア・ニューギニア	1997年 7月28日	受諾 (Ac)	0	1	0	1	(0)
153	朝鮮民主主義人民共和国	1998年 7月21日	受諾 (Ac)	0	2	0	2	(0)
159	キリバス	2000年 5月12日	受諾 (Ac)	1	0	0	1	(0)
162	ニウエ	2001年 1月23日	受諾 (Ac)	0	0	0	0	(0)
164	サモア	2001年 8月28日	受諾 (Ac)	0	0	0	0	(0)
166	ブータン	2001年10月22日	批准 (R)	0	0	0	0	(0)
170	マーシャル諸島	2002年 4月24日	受諾 (Ac)	0	1	0	1	(0)
172	パラオ	2002年 6月11日	受諾 (Ac)	0	0	1	1	(0)
173	ヴァヌアツ	2002年 6月13日	批准 (R)	0	1	0	1	(0)
174	ミクロネシア連邦	2002年 7月22日	受諾 (Ac)	0	1	0	1	(1)
178	トンガ	2004年 4月30日	受諾 (Ac)	0	0	0	0	(0)
186	クック諸島	2009年 1月16日	批准 (R)	0	0	0	0	(0)
188	ブルネイ	2011年 8月12日	批准 (R)	0	0	0	0	(0)
190	シンガポール	2012年 6月19日	批准 (R)	0	1	0	1	(0)

国　名	世界遺産条約締約日	自然遺産	文化遺産	複合遺産	合計【うち危機遺産】
193 東ティモール	2016年10月31日　批准（R）	0	0	0	0　(0)
合計	36か国	64	178	12	254　(6)
	（　）内は複数国にまたがる物件	(3)	(2)		(5)

＜ヨーロッパ・北米＞締約国（51か国）　　※国名の前の番号は、世界遺産条約の締約順。

国　名	世界遺産条約締約日	自然遺産	文化遺産	複合遺産	合計【うち危機遺産】
1 アメリカ合衆国	1973年12月 7日　批准（R）	12*[6][7]	10	1	23　(1)
4 ブルガリア	1974年 3月 7日　受諾（Ac）	3*[20]	7	0	10　(0)
15 フランス	1975年 6月27日　受諾（Ac）	3	39*[15][25][33]	1*[10]	43　(0)
18 キプロス	1975年 8月14日　受諾（Ac）	0	3	0	3　(0)
19 スイス	1975年 9月17日　批准（R）	3*[23]	9*[21][25][33]	0	12　(0)
22 ポーランド	1976年 6月29日　批准（R）	1*[3]	14*[14][29]	0	15　(0)
23 カナダ	1976年 7月23日　受諾（Ac）	10*[6][7]	8	0	18　(0)
25 ドイツ	1976年 8月23日　批准（R）	3*[20][22]	39*[14][16][25][33]	0	42　(0)
28 ノルウェー	1977年 5月12日　批准（R）	1	7*[17]	0	8　(0)
37 イタリア	1978年 6月23日　批准（R）	5*[20][23]	48*[5][21][25][26]	0	53　(0)
41 モナコ	1978年11月 7日　批准（R）	0	0	0	0　(0)
42 マルタ	1978年11月14日　受諾（Ac）	0	3	0	3　(0)
47 デンマーク	1979年 7月25日　批准（R）	3*[22]	6	0	9　(0)
53 ポルトガル	1980年 9月30日　批准（R）	1	14*[24]	0	15　(0)
59 ギリシャ	1981年 7月17日　批准（R）	0	16	2	18　(0)
63 スペイン	1982年 5月 4日　受諾（Ac）	4*[20]	40*[24][27]	2*[10]	46　(0)
67 ヴァチカン	1982年10月 7日　加入（A）	0	2*[5]	0	2　(0)
71 トルコ	1983年 3月16日　批准（R）	0	15	2	17　(0)
76 ルクセンブルク	1983年 9月28日　批准（R）	0	1	0	1　(0)
79 英国	1984年 5月29日　批准（R）	4	26*[16]	1	31　(1)
83 スウェーデン	1985年 1月22日　批准（R）	1*[19]	13*[17]	1	15　(0)
85 ハンガリー	1985年 7月15日　受諾（Ac）	1*[4]	7*[12]	0	8　(0)
91 フィンランド	1987年 3月 4日　批准（R）	1*[19]	6*[17]	0	7　(0)
102 ベラルーシ	1988年10月12日　批准（R）	1*[3]	3*[17]	0	4　(0)
103 ロシア連邦	1988年10月12日　批准（R）	11*[13]	17*[11][17]	0	28　(0)
104 ウクライナ	1988年10月12日　批准（R）	1*[20]	5*[17][29]	0	6　(0)
108 アルバニア	1989年 7月10日　批准（R）	1*[20]	2	0	3　(0)
110 ルーマニア	1990年 5月16日　受諾（Ac）	2*[20]	6	0	8　(0)
116 アイルランド	1991年 9月16日　批准（R）	0	2	0	2　(0)
119 サン・マリノ	1991年10月18日　批准（R）	0	1	0	1　(0)
122 リトアニア	1992年 3月31日　受諾（Ac）	0	4*[11][17]	0	4　(0)
125 クロアチア	1992年 7月 6日　承継の通告（S）	2*[20]	8*[34][36]	0	10　(0)
126 オランダ	1992年 8月26日　受諾（Ac）	1*[22]	9	0	10　(0)
128 ジョージア	1992年11月 4日　承継の通告（S）	0	3	0	3　(0)
129 スロヴェニア	1992年11月 5日　承継の通告（S）	2*[20]	2*[25][27]	0	4　(0)
130 オーストリア	1992年12月18日　批准（R）	1*[20]	9*[12][25]	0	10　(1)
132 チェコ	1993年 3月26日　承継の通告（S）	0	12	0	12　(0)
133 スロヴァキア	1993年 3月31日　承継の通告（S）	2*[4][20]	5	0	7　(0)
134 ボスニア・ヘルツェゴヴィナ	1993年 7月12日　承継の通告（S）	0	3*[34]	0	3　(0)
135 アルメニア	1993年 9月 5日　承継の通告（S）	0	3	0	3　(0)
136 アゼルバイジャン	1993年12月16日　批准（R）	0	2	0	2　(0)
140 ラトヴィア	1995年 1月10日　受諾（Ac）	0	2*[17]	0	2　(0)
144 エストニア	1995年10月27日　批准（R）	0	2*[17]	0	2　(0)
145 アイスランド	1995年12月19日　批准（R）	1	1	0	2　(0)
146 ベルギー	1996年 7月24日　批准（R）	1*[20]	12*[15][33]	0	13　(0)
147 アンドラ	1997年 1月 3日　受諾（Ac）	0	1	0	1　(0)

ユネスコ世界遺産の概要

国名	世界遺産条約締約日	自然遺産	文化遺産	複合遺産	合計	【うち危機遺産】
148 マケドニア・旧ユーゴスラビア	1997年 4月30日 承継の通告(S)	0	0	1	1	(0)
157 イスラエル	1999年10月 6日 受諾 (Ac)	0	9	0	9	(0)
165 セルビア	2001年 9月11日 承継の通告(S)	0	5*34	0	5	(1)
175 モルドヴァ	2002年 9月23日 批准 (R)	0	1*17	0	1	(0)
183 モンテネグロ	2006年 6月 3日 承継の通告(S)	1	3*3436	0	4	(0)
合計	50か国	64	434	10	508	(4)
( )内は複数国にまたがる物件		(10)	(15)	(1)	(26)	

＜ラテンアメリカ・カリブ＞締約国（33か国）

※国名の前の番号は、世界遺産条約の締約順。

国名	世界遺産条約締約日	自然遺産	文化遺産	複合遺産	合計	【うち危機遺産】
14 エクアドル	1975年 6月16日 受諾 (Ac)	2	3*31	0	5	(0)
26 ボリヴィア	1976年10月 4日 批准 (R)	1	6*31	0	7	(1)
29 ガイアナ	1977年 6月20日 受諾 (Ac)	0	0	0	0	(0)
32 コスタリカ	1977年 8月23日 批准 (R)	3*8	1	0	4	(0)
33 ブラジル	1977年 9月 1日 受諾 (Ac)	7	14*9	0	21	(0)
35 パナマ	1978年 3月 3日 批准 (R)	3*8	2	0	5	(1)
39 アルゼンチン	1978年 8月23日 受諾 (Ac)	5	6*93133	0	11	(0)
43 グアテマラ	1979年 1月16日 批准 (R)	0	2	1	3	(0)
46 ホンジュラス	1979年 6月 8日 批准 (R)	1	1	0	2	(1)
48 ニカラグア	1979年12月17日 受諾 (Ac)	0	2	0	2	(0)
49 ハイチ	1980年 1月18日 批准 (R)	0	1	0	1	(0)
50 チリ	1980年 2月20日 批准 (R)	0	6*31	0	6	(1)
58 キューバ	1981年 3月24日 批准 (R)	2	7	0	9	(0)
62 ペルー	1982年 2月24日 批准 (R)	2	8*31	2	12	(1)
72 コロンビア	1983年 5月24日 受諾 (Ac)	2	6*31	0	8	(0)
73 ジャマイカ	1983年 6月14日 受諾 (Ac)	0	0	0	0	(0)
77 アンチグア・バーブーダ	1983年11月 1日 受諾 (Ac)	0	1	0	1	(0)
78 メキシコ	1984年 2月23日 受諾 (Ac)	6	27	1	34	(0)
84 ドミニカ共和国	1985年 2月12日 批准 (R)	0	1	0	1	(0)
89 セントキッツ・ネイヴィース	1986年 7月10日 受諾 (Ac)	0	1	0	1	(0)
99 パラグアイ	1988年 4月27日 批准 (R)	0	1	0	1	(0)
106 ウルグアイ	1989年 3月 9日 受諾 (Ac)	0	2	0	2	(0)
111 ヴェネズエラ	1990年10月30日 受諾 (Ac)	1	2	0	3	(1)
112 ベリーズ	1990年11月 6日 批准 (R)	1	0	0	1	(1)
117 エルサルバドル	1991年10月 8日 受諾 (Ac)	0	1	0	1	(0)
118 セントルシア	1991年10月14日 受諾 (Ac)	1	0	0	1	(0)
141 ドミニカ国	1995年 4月 4日 批准 (R)	1	0	0	1	(0)
151 スリナム	1997年10月23日 受諾 (Ac)	1	1	0	2	(0)
154 グレナダ	1998年 8月13日 批准 (R)	0	0	0	0	(0)
169 バルバドス	2002年 4月 9日 受諾 (Ac)	0	1	0	1	(0)
176 セント・ヴィンセントおよびグレナディーン諸島	2003年 2月 3日 批准 (R)	0	0	0	0	(0)
180 トリニダード・トバコ	2005年 2月16日 批准 (R)	0	0	0	0	(0)
191 バハマ	2014年 5月15日 批准 (R)	0	0	0	0	(0)
合計	28か国	38	97	5	140	(7)
( )内は複数国にまたがる物件		(1)	(3)		(4)	

		自然遺産	文化遺産	複合遺産	合計	【うち危機遺産】
総合計	167の国と地域	206	832	35	1073	(54)
( )内は、複数国にまたがる物件の数		(16)	(19)	(2)	(37)	(1)

ユネスコ世界遺産の概要

世界遺産ガイド ―アメリカ合衆国編―

ユネスコ世界遺産の概要

（注）「批准」とは、いったん署名された条約を、署名した国がもち帰って再検討し、その条約に拘束されることについて、最終的、かつ、正式に同意すること。批准された条約は、批准書を寄託者に送付することによって正式に効力をもつ。多数国間条約の寄託者は、それぞれの条約で決められるが、世界遺産条約は、国連教育科学文化機関（ユネスコ）事務局長を寄託者としている。「批准」、「加入」のどの手続きをとる場合も、「条約に拘束されることについての国の同意」としての効果は同じだが、手続きの複雑さが異なる。この条約の場合、ユネスコ加盟国がこの条約に拘束されることを受諾する場合を「加入」、ユネスコ非加盟国が同意する場合にこれを用いている「加入」という手続きを踏むことになる。「批准」、「受諾」、「承認」、「加入」の3つは、手続的には大きな違いはなく、基本的には常務する文書の書式、タイトルが違うだけである。

（注）＊複数国にまたがる世界遺産

★【危機遺産】

No.	名称	区分	国
1	モシ・オ・トゥニャ（ヴィクトリア瀑布）	自然遺産	ザンビア、ジンバブエ
2	ニンバ山厳正自然保護区	自然遺産	ギニア、コートジボワール
3	ビャウォヴィエジャ森林	自然遺産	ベラルーシ、ポーランド
4	アグテレック・カルストとスロヴァキア・カルストの鍾乳洞群	自然遺産	ハンガリー、スロヴァキア
5	ローマ歴史地区、教皇領とサンパオロ・フォーリ・レ・ムーラ大聖堂	文化遺産	イタリア、ヴァチカン
6	クルエーン／ランゲル・セントエライアス／グレーシャーベイ／タッシェンシニ・アルセク	自然遺産	カナダ、アメリカ合衆国
7	ウォータートン・グレーシャー国際平和自然公園	自然遺産	カナダ、アメリカ合衆国
8	タラマンカ地方ラ・アミスター保護区群／ラ・アミスタッド国立公園	自然遺産	コスタリカ、パナマ
9	グアラニーのイエズス会伝道所	文化遺産	アルゼンチン、ブラジル
10	ピレネー地方ペルデュ山	複合遺産	フランス、スペイン
11	クルシュ砂州	文化遺産	リトアニア、ロシア連邦
12	フェルトー・ノイジードラーゼーの文化的景観	文化遺産	オーストリア、ハンガリー
13	ウフス・ヌール盆地	自然遺産	モンゴル、ロシア連邦
14	ムスカウ公園／ムザコフスキ公園	文化遺産	ドイツ、ポーランド
15	ベルギーとフランスの鐘楼群	文化遺産	ベルギー、フランス
16	ローマ帝国の国境界線	文化遺産	英国、ドイツ
17	シュトルーヴェの測地弧	文化遺産	ノルウェー、スウェーデン、フィンランド、エストニア、ラトヴィア、リトアニア、ロシア連邦、ベラルーシ、ウクライナ、モルドヴァ、セルビア
18	セネガンビアの環状列石群	文化遺産	ガンビア、セネガル
19	ハイ・コースト／クヴァルケン群島	自然遺産	スウェーデン、フィンランド
20	カルパチア山脈とヨーロッパの他の地域の原生ブナ林群	自然遺産	ウクライナ、スロヴァキア、ドイツ、ベルギー、ブルガリア、アルバニア、オーストリア、イタリア、ルーマニア、スロヴェニア、クロアチア、スペイン
21	レーティッシュ鉄道アルブラ線とベルニナ線の景観群	文化遺産	イタリア、スイス
22	ワッデン海	自然遺産	ドイツ、オランダ
23	モン・サン・ジョルジオ	自然遺産	イタリア、スイス
24	コア渓谷とシエガ・ヴェルデの先史時代の岩壁画	文化遺産	ポルトガル、スペイン
25	アルプス山脈周辺の先史時代の杭上住居群	文化遺産	スイス、オーストリア、フランス、ドイツ、イタリア、スロヴェニア
26	サンガ川の三カ国流域	自然遺産	コンゴ、カメルーン、中央アフリカ
27	水銀の遺産、アルマデンとイドリヤ	文化遺産	スペイン、スロヴェニア
28	マロティ＝ドラケンスバーグ公園	複合遺産	南アフリカ、レソト
29	ポーランドとウクライナのカルパチア地方の木造教会群	文化遺産	ポーランド、ウクライナ
30	シルクロード：長安・天山回廊の道路網	文化遺産	カザフスタン、キルギス、中国
31	カパック・ニャン、アンデス山脈の道路網	文化遺産	コロンビア、エクアドル、ペルー、ボリビア、チリ、アルゼンチン
32	西天山	自然遺産	カザフスタン、キルギス、ウズベキスタン
33	ル・コルビュジエの建築作品―近代化運動への顕著な貢献	文化遺産	フランス、スイス、ベルギー、ドイツ、インド、日本、アルゼンチン
34	ステチュツィの中世の墓碑群	文化遺産	ボスニア・ヘルツェゴヴィナ、クロアチア、セルビア、モンテネグロ

㉟W・アルリ・ペンジャリ国立公園遺産群　　　自然遺産　　ニジェール、ベナン、ブルキナファソ
㊱16〜17世紀のヴェネツィアの防衛施設群：　　文化遺産　　イタリア、クロアチア、モンテネグロ
　スタート・ダ・テーラ-西スタート・ダ・マール
㊲ダウリアの景観群　　　　　　　　　　　　　自然遺産　　モンゴル、ロシア連邦

⑨ 世界遺産条約締約国総会の開催歴

回　次	開催都市（国名）	開催期間
第 1 回	ナイロビ（ケニア）	1976年11月26日
第 2 回	パリ（フランス）	1978年11月24日
第 3 回	ベオグラード（ユーゴスラヴィア）	1980年10月 7日
第 4 回	パリ（フランス）	1983年10月28日
第 5 回	ソフィア（ブルガリア）	1985年11月 4日
第 6 回	パリ（フランス）	1987年10月30日
第 7 回	パリ（フランス）	1989年11月 9日〜11月13日
第 8 回	パリ（フランス）	1991年11月 2日
第 9 回	パリ（フランス）	1993年10月29日〜10月30日
第10回	パリ（フランス）	1995年11月 2日〜11月 3日
第11回	パリ（フランス）	1997年10月27日〜10月28日
第12回	パリ（フランス）	1999年10月28日〜10月29日
第13回	パリ（フランス）	2001年11月 6日〜11月 7日
第14回	パリ（フランス）	2003年10月14日〜10月15日
第15回	パリ（フランス）	2005年10月10日〜10月11日
第16回	パリ（フランス）	2007年10月24日〜10月25日
第17回	パリ（フランス）	2009年10月23日〜10月28日
第18回	パリ（フランス）	2011年11月 7日〜11月 8日
第19回	パリ（フランス）	2013年11月19日〜11月21日
第20回	パリ（フランス）	2015年11月18日〜11月20日
第21回	パリ（フランス）	2017年11月14日〜11月15日

<u>臨　時</u>
第 1 回	パリ（フランス）	2014年11月13日〜11月14日

⑩ 世界遺産委員会

　世界遺産条約第8条に基づいて設置された政府間委員会で、「世界遺産リスト」と「危機にさらされている世界遺産リスト」の作成、リストに登録された遺産の保全状態のモニター、世界遺産基金の効果的な運用の検討などを行う。

　（世界遺産委員会における主要議題 ）

● 定期報告（6年毎の地域別の世界遺産の状況、フォローアップ等）
●「危険にさらされている世界遺産リスト」に登録されている物件のその後の改善状況の報告、
　「世界遺産リスト」に登録されている物件のうちリアクティブ・モニタリングに基づく報告
●「世界遺産リスト」および「危険にさらされている世界遺産リスト」への登録物件の審議

ユネスコ世界遺産の概要

【新登録関係の世界遺産委員会の4つの決議区分】

① 登録(記載)　(Inscription)　　世界遺産リストに登録(記載)するもの。
② 情報照会（Referral）　追加情報の提出を求めた上で、次回以降の世界遺産委員会で再審議するもの。
③ 登録(記載)延期（Deferral）　より綿密な調査や登録推薦書類の抜本的な改定が必要なもの。登録推薦書類を再提出した後、約1年半をかけて再度、専門機関のIUCNやICOMOSの審査を受ける必要がある。
④ 不登録(不記載)　(Decision not to inscribe)　　登録(記載)にふさわしくないもの。例外的な場合を除いては、再度の登録推薦は不可。

●「世界遺産基金」予算の承認　と国際援助要請の審議
●グローバル戦略や世界遺産戦略の目標等の審議

⑪ 世界遺産委員会委員国

　世界遺産委員会委員国は、世界遺産条約締結国の中から、世界の異なる地域および文化が均等に代表される様に選ばれた、21か国によって構成される。任期は原則6年であるが、4年に短縮できる。2年毎に開かれる世界遺産条約締約国総会で改選される。世界遺産委員会ビューローは、毎年、世界遺産委員会によって選出された7か国（◎議長国 1、○副議長国 5、□ラポルチュール(報告担当国) 1）によって構成される。2018年1月現在の世界遺産委員会の委員国は、下記の通り。

　オーストラリア、バーレーン、ボスニア・ヘルツェゴヴィナ、ブラジル、中国、グアテマラ、ハンガリー、キルギス、ノルウェー、セントキッツ・ネイヴィース、スペイン、ウガンダ
　　(任期 第41回ユネスコ総会の会期終了＜2021年11月頃＞まで)

　アンゴラ、アゼルバイジャン、ブルキナファソ、キューバ、インドネシア、クウェート、チュニジア、タンザニア、ジンバブエ
　　(任期 第40回ユネスコ総会の会期終了＜2019年11月頃＞まで)

＜第42回世界遺産委員会＞
◎　議長国　バーレーン
　　　議長：シャイハ・ハヤ・ラシード・アル・ハリーファ氏(Sheikha Haya Rashed Al Khalifa)
　　　　　国際法律家
○　副議長国　アゼルバイジャン、ブラジル、中国、スペイン、ジンバブエ
□　ラポルチュール(報告担当国)　ハンガリー　アンナ・E.ツァイヒナー(Ms.Anna E. Zeichner)

＜第41回世界遺産委員会ビューロー＞
◎　議長国　ポーランド
　　　議長：ヤツェク・プルフラ氏（Pro. Jacek Purchla)
　　　　　　クラクフ国際文化センター所長、ポーランド・ユネスコ国内委員会会長
○　副議長国　アンゴラ、クウェート、ペルー、ポルトガル、韓国
□　ラポルチュール(報告担当国)　タンザニア　ムハマド・ジュマ氏（Mr Muhammad Juma)

＜第40回世界遺産委員会ビューロー＞
◎　議長国　トルコ
　　　議長：ラーレ・ウルケル氏（Ms Lale Ülkerr）トルコ外務省海外広報・文化局長
○　副議長国　レバノン、ペルー、フィリピン、ポーランド、タンザニア
□　ラポルチュール(報告担当国)　韓国　チョ・ユジン女史（Mrs Eugene JO)

⑫ 世界遺産委員会の開催歴

通 常

回 次	開催都市（国名）	開催期間	登録物件数
第1回	パリ（フランス）	1977年 6月27日～ 7月 1日	0
第2回	ワシントン（アメリカ合衆国）	1978年 9月 5日～ 9月 8日	12
第3回	ルクソール（エジプト）	1979年10月22日～10月26日	45
第4回	パリ（フランス）	1980年 9月 1日～ 9月 5日	28
第5回	シドニー（オーストラリア）	1981年10月26日～10月30日	26
第6回	パリ（フランス）	1982年12月13日～12月17日	24
第7回	フィレンツェ（イタリア）	1983年12月 5日～12月 9日	29
第8回	ブエノスアイレス（アルゼンチン）	1984年10月29日～11月 2日	23
第9回	パリ（フランス）	1985年12月 2日～12月 6日	30
第10回	パリ（フランス）	1986年11月24日～11月28日	31
第11回	パリ（フランス）	1987年12月 7日～12月11日	41
第12回	ブラジリア（ブラジル）	1988年12月 5日～12月 9日	27
第13回	パリ（フランス）	1989年12月11日～12月15日	7
第14回	バンフ（カナダ）	1990年12月 7日～12月12日	17
第15回	カルタゴ（チュニジア）	1991年12月 9日～12月13日	22
第16回	サンタ・フェ（アメリカ合衆国）	1992年12月 7日～12月14日	20
第17回	カルタヘナ（コロンビア）	1993年12月 6日～12月11日	33
第18回	プーケット（タイ）	1994年12月12日～12月17日	29
第19回	ベルリン（ドイツ）	1995年12月 4日～12月 9日	29
第20回	メリダ（メキシコ）	1996年12月 2日～12月 7日	37
第21回	ナポリ（イタリア）	1997年12月 1日～12月 6日	46
第22回	京都（日本）	1998年11月30日～12月 5日	30
第23回	マラケシュ（モロッコ）	1999年11月29日～12月 4日	48
第24回	ケアンズ（オーストラリア）	2000年11月27日～12月 2日	61
第25回	ヘルシンキ（フィンランド）	2001年12月11日～12月16日	31
第26回	ブダペスト（ハンガリー）	2002年 6月24日～ 6月29日	9
第27回	パリ（フランス）	2003年 6月30日～ 7月 5日	24
第28回	蘇州（中国）	2004年 6月28日～ 7月 7日	34
第29回	ダーバン（南アフリカ）	2005年 7月10日～ 7月18日	24
第30回	ヴィリニュス（リトアニア）	2006年 7月 8日～ 7月16日	18
第31回	クライスト・チャーチ(ニュージーランド)	2007年 6月23日～ 7月 2日	22
第32回	ケベック（カナダ）	2008年 7月 2日～ 7月10日	27
第33回	セビリア（スペイン）	2009年 6月22日～ 6月30日	13
第34回	ブラジリア（ブラジル）	2010年 7月25日～ 8月 3日	21
第35回	パリ（フランス）	2011年 6月19日～ 6月29日	25
第36回	サンクトペテルブルク（ロシア連邦）	2012年 6月24日～ 7月 6日	26
第37回	プノンペン（カンボジア）	2013年 6月16日～ 6月27日	19
第38回	ドーハ（カタール）	2014年 6月15日～ 6月25日	26
第39回	ボン（ドイツ）	2015年 6月28日～ 7月 8日	24
第40回	イスタンブール（トルコ）	2016年 7月10日～ 7月17日＊	21
〃	パリ（フランス）	2016年10月24日～10月26日＊	
第41回	クラクフ（ポーランド）	2017年 7月 2日～ 7月12日	21
第42回	マナーマ（バーレーン）	2018年 6月24日～ 7月 4日	X

(注) 当初登録された物件が、その後隣国を含めた登録地域の拡大・延長などで、新しい物件として統合・再登録された物件等を含む。

＊トルコでの不測の事態により、当初の会期を3日間短縮、10月にフランスのパリで審議継続した。

臨　時

回　次	開催都市（国名）	開催期間	登録物件数
第 1 回	パリ（フランス）	1981年 9月10日～ 9月11日	1
第 2 回	パリ（フランス）	1997年10月29日	
第 3 回	パリ（フランス）	1999年 7月12日	
第 4 回	パリ（フランス）	1999年10月30日	
第 5 回	パリ（フランス）	2001年 9月12日	
第 6 回	パリ（フランス）	2003年 3月17日～ 3月22日	
第 7 回	パリ（フランス）	2004年12月 6日～12月11日	
第 8 回	パリ（フランス）	2007年10月24日	
第 9 回	パリ（フランス）	2010年 6月14日	
第10回	パリ（フランス）	2011年11月 9日	

⑬ 世界遺産の種類

世界遺産には、自然遺産、文化遺産、複合遺産の3種類に分類される。

□自然遺産 （Natural Heritage）

自然遺産とは、無生物、生物の生成物、または、生成物群からなる特徴のある自然の地域で、鑑賞上、または、学術上、「顕著な普遍的価値」（Outstanding Universal Value）を有するもの、そして、地質学的、または、地形学的な形成物および脅威にさらされている動物、または、植物の種の生息地、または、自生地として区域が明確に定められている地域で、学術上、保存上、または、景観上、「顕著な普遍的価値」を有するものと定義することが出来る。

地球上の顕著な普遍的価値をもつ地形や生物、景観などを有する自然遺産の数は、**2018年1月現在、206物件。**

大地溝帯のケニアの湖水システム(ケニア)、セレンゲティ国立公園(タンザニア)、キリマンジャロ国立公園(タンザニア)、モシ・オア・トゥニャ〈ヴィクトリア瀑布〉(ザンビア／ジンバブエ)、サガルマータ国立公園(ネパール)、スマトラの熱帯雨林遺産(インドネシア)、屋久島(日本)、白神山地(日本)、知床(日本)、小笠原諸島(日本)、グレート・バリア・リーフ(オーストラリア)、スイス・アルプス ユングフラウ・アレッチ(スイス)、イルリサート・アイスフィヨルド(デンマーク)、バイカル湖 (ロシア連邦)、カナディアン・ロッキー山脈公園(カナダ)、グランド・キャニオン国立公園(アメリカ合衆国)、エバーグレーズ国立公園(アメリカ合衆国)、レヴィジャヒヘド諸島(メキシコ)、ガラパゴス諸島(エクアドル)、イグアス国立公園(ブラジル／アルゼンチン) などがその代表的な物件。

□文化遺産 （Cultural Heritage）

文化遺産とは、歴史上、芸術上、または、学術上、「顕著な普遍的価値」（Outstanding Universal Value）を有する記念物、建築物群、記念的意義を有する彫刻および絵画、考古学的な性質の物件および構造物、金石文、洞穴居ならびにこれらの物件の組合せで、歴史的、芸術上、または、学術上、「顕著な普遍的価値」を有するものをいう。

遺跡（Sites）とは、自然と結合したものを含む人工の所産および考古学的遺跡を含む区域で、歴史上、芸術上、民族学上、または、人類学上、「顕著な普遍的価値」を有するものをいう。

建造物群（Groups of buildings）とは、独立し、または、連続した建造物の群で、その建築様式、均質性、または、景観内の位置の為に、歴史上、芸術上、または、学術上、「顕著な普遍的価値」を有するものをいう。

ユネスコ世界遺産の概要

モニュメント（Monuments）とは、建築物、記念的意義を有する彫刻および絵画、考古学的な性質の物件および構造物、金石文、洞穴居ならびにこれらの物件の組合せで、歴史的、芸術上、または、学術上、「顕著な普遍的価値」を有するものをいう。

人類の英知と人間活動の所産を様々な形で語り続ける顕著な普遍的価値をもつ遺跡、建造物群、モニュメントなどの文化遺産の数は、**2018年1月現在、832物件。**

モンバサのジーザス要塞(ケニア)、メンフィスとそのネクロポリス／ギザからダハシュールまでのピラミッド地帯(エジプト)、ペルセポリス(イラン)、サマルカンド(ウズベキスタン)、タージ・マハル(インド)、アンコール(カンボジア)、万里の長城(中国)、高句麗古墳群(北朝鮮)、古都京都の文化財(日本)、厳島神社(日本)、白川郷と五箇山の合掌造り集落(日本)、アテネのアクロポリス(ギリシャ)、ローマ歴史地区(イタリア)、ヴェルサイユ宮殿と庭園(フランス)、アルタミラ洞窟(スペイン)、ストーンヘンジ(英国)、ライン川上中流域の渓谷(ドイツ)、プラハの歴史地区(チェコ)、アウシュヴィッツ強制収容所(ポーランド)、クレムリンと赤の広場(ロシア連邦)、自由の女神像(アメリカ合衆国)、テオティワカン古代都市(メキシコ)、クスコ市街(ペルー)、ブラジリア(ブラジル)、ウマワカの渓谷(アルゼンチン) などがその代表的な物件。

文化遺産の中で、**文化的景観**（Cultural Landscapes）という概念に含まれる物件がある。
文化的景観とは、「人間と自然環境との共同作品」とも言える景観。文化遺産と自然遺産との中間的な存在で、現在は文化遺産の分類に含められており、次の三つのカテゴリーに分類することができる。

1) 庭園、公園など人間によって意図的に設計され創造されたと明らかに定義できる景観
2) 棚田など農林水産業などの産業と関連した有機的に進化する景観で、
　　次の2つのサブ・カテゴリーに分けられる。
　　①残存する(或は化石)景観（a relict (or fossil) landscape）
　　②継続中の景観（continuing landscape）
3) 聖山など自然的要素が強い宗教、芸術、文化などの事象と関連する文化的景観

コンソ族の文化的景観(エチオピア)、オルホン渓谷の文化的景観(モンゴル)、杭州西湖の文化的景観(中国)、紀伊山地の霊場と参詣道(日本)、石見銀山遺跡とその文化的景観(日本)、フィリピンのコルディリェラ山脈の棚田(フィリピン)、シンクヴェトリル国立公園(アイスランド)、シントラの文化的景観(ポルトガル)、ザルツカンマーグート地方のハルシュタットとダッハシュタインの文化的景観(オーストリア)、トカイ・ワイン地方の歴史的・文化的景観(ハンガリー)、ペルガモンとその多層的な文化的景観(トルコ)、ヴィニャーレス渓谷(キューバ)、パンプーリャ湖近代建築群(ブラジル) などがこの範疇に入る。

□複合遺産（Cultural and Natural Heritage）

自然遺産と文化遺産の両方の要件を満たしている物件が**複合遺産**で、最初から複合遺産として登録される場合と、はじめに、自然遺産、あるいは、文化遺産として登録され、その後、もう一方の遺産としても評価されて複合遺産となる場合がある。

世界遺産条約の本旨である自然と文化との結びつきを代表する複合遺産の数は、**2018年1月現在、35物件。**

ワディ・ラム保護区(ヨルダン)、カンチェンジュンガ国立公園(インド)、泰山(中国)、チャンアン景観遺産群(ヴェトナム)、ウルル・カタジュタ国立公園(オーストラリア)、トンガリロ国立公園(ニュージーランド)、ギョレメ国立公園とカッパドキア(トルコ)、メテオラ(ギリシャ)、ピレネー地方-ペルデュー山(フランス／スペイン)、ティカル国立公園(グアテマラ)、マチュ・ピチュの歴史保護区(ペルー) などが代表的な物件

14 ユネスコ世界遺産の登録要件

　ユネスコ世界遺産の登録要件は、世界的に顕著な普遍的価値（outstanding universal value）を有することが前提であり、世界遺産委員会が定めた世界遺産の登録基準（クライテリア）の一つ以上を完全に満たしている必要がある。また、世界遺産としての価値を将来にわたって継承していく為の保護管理措置が担保されていることが必要である。

15 ユネスコ世界遺産の登録基準

　世界遺産委員会が定める世界遺産の登録基準（クライテリア）が設けられており、このうちの一つ以上の基準を完全に満たしていることが必要。

（ⅰ）人類の創造的天才の傑作を表現するもの。→人類の創造的天才の傑作

（ⅱ）ある期間を通じて、または、ある文化圏において、建築、技術、記念碑的芸術、町並み計画、景観デザインの発展に関し、人類の価値の重要な交流を示すもの。→人類の価値の重要な交流を示すもの

（ⅲ）現存する、または、消滅した文化的伝統、または、文明の、唯一の、または、少なくとも稀な証拠となるもの。→文化的伝統、文明の稀な証拠

（ⅳ）人類の歴史上、重要な時代を例証する、ある形式の建造物、建築物群、技術の集積、または、景観の顕著な例。→歴史上、重要な時代を例証する優れた例

（ⅴ）特に、回復困難な変化の影響下で損傷されやすい状態にある場合における、ある文化（または、複数の文化）或は、環境と人間との相互作用を代表する伝統的集落、または、土地利用の顕著な例。→存続が危ぶまれている伝統的集落、土地利用の際立つ例

（ⅵ）顕著な普遍的な意義を有する出来事、現存する伝統、思想、信仰、または、芸術的、文学的作品と、直接に、または、明白に関連するもの。→普遍的出来事、伝統、思想、信仰、芸術、文学的作品と関連するもの

（ⅶ）もっともすばらしい自然的現象、または、ひときわすぐれた自然美をもつ地域、及び、美的な重要性を含むもの。→自然景観

（ⅷ）地球の歴史上の主要な段階を示す顕著な見本であるもの。これには、生物の記録、地形の発達における重要な地学的進行過程、或は、重要な地形的、または、自然地理的特性などが含まれる。→地形・地質

（ⅸ）陸上、淡水、沿岸、及び、海洋生態系と動植物群集の進化と発達において、進行しつつある重要な生態学的、生物学的プロセスを示す顕著な見本であるもの。→生態系

（ⅹ）生物多様性の本来的保全にとって、もっとも重要かつ意義深い自然生息地を含んでいるもの。これには、科学上、または、保全上の観点から、すぐれて普遍的価値をもつ絶滅の恐れのある種が存在するものを含む。→生物多様性

　（注）→ は、わかりやすい覚え方として、当シンクタンクが言い換えたものである。

16 ユネスコ世界遺産に登録されるまでの手順

　世界遺産リストへの登録物件の推薦は、個人や団体ではなく、世界遺産条約を締結した各国政府が行う。日本では、文化遺産は文化庁、自然遺産は環境省と林野庁が中心となって決定している。
　ユネスコの「世界遺産リスト」に登録されるプロセスは、政府が暫定リストに基づいて、パリに事務局がある世界遺産委員会に推薦し、自然遺産については、**IUCN**(国際自然保護連合)、文化遺産については、**ICOMOS**(イコモス　国際記念物遺跡会議)の専門的な評価報告書や**ICCROM**(イクロム　文化財保存修復研究国際センター)の助言などに基づいて審議され、世界遺産リストへの登録の可否が決定される。

　IUCN(The World Conservation Union　国際自然保護連合、以前は、自然及び天然資源の保全に関する国際同盟＜International Union for Conservation of Nature and Natural Resources＞)は、国連環境計画(UNEP)、ユネスコ(UNESCO)などの国連機関や世界自然保護基金(WWF)などの協力の下に、野生生物の保護、自然環境及び自然資源の保全に係わる調査研究、発展途上地域への支援などを行っているほか、絶滅のおそれのある世界の野生生物を網羅したレッド・リスト等を定期的に刊行している。
　世界遺産との関係では、IUCNは、世界遺産委員会への諮問機関としての役割を果たしている。自然保護や野生生物保護の専門家のワールド・ワイドなネットワークを通じて、自然遺産に推薦された物件が世界遺産にふさわしいかどうかの専門的な評価、既に世界遺産に登録されている物件の保全状態のモニタリング(監視)、締約国によって提出された国際援助要請の審査、人材育成活動への支援などを行っている。

　ICOMOS(International Council of Monuments and Sites　国際記念物遺跡会議)は、本部をフランス、パリに置く国際的な非政府組織(NGO)である。1965年に設立され、建築遺産及び考古学的遺産の保全のための理論、方法論、そして、科学技術の応用を推進することを目的としている。1964年に制定された「記念建造物および遺跡の保全と修復のための国際憲章」(ヴェネチア憲章)に示された原則を基盤として活動している。
　世界遺産条約に関するICOMOSの役割は、「世界遺産リスト」への登録推薦物件の審査＜現地調査(夏～秋)、イコモスパネル(11月末～12月初)、中間報告(1月中)＞、文化遺産の保存状況の監視、世界遺産条約締約国から提出された国際援助要請の審査、人材育成への助言及び支援などである。

【新登録候補物件の評価結果についての世界遺産委員会への4つの勧告区分】

① 登録(記載)勧告 　　(Recommendation for Inscription)	世界遺産としての価値を認め、世界遺産リストへの登録(記載)を勧める。
② 情報照会勧告 　　(Recommendation for Referral)	世界遺産としての価値は認めるが、追加情報の提出を求めた上で、次回以降の世界遺産委員会での審議を勧める。
③ 登録(記載)延期勧告 　　(Recommendation for Deferral)	より綿密な調査や登録推薦書類　の抜本的な改定が必要なもの。登録推薦書類を再提出した後、約1年半をかけて、再度、専門機関のIUCNやICOMOSの審査を受けることを勧める。
④ 不登録(不記載)勧告 　　(Not recommendation for Inscription)	登録(記載)にふさわしくないもの。例外的な場合を除いて再推薦は不可とする。

　ICCROM(International Centre for the Study of the Preservation and Restoration of Cultural Property　文化財保存及び修復の研究のための国際センター)は、本部をイタリア、ローマにおく国際的な政府間機関(IGO)である。ユネスコによって1956年に設立され、不動産・動産の文化遺産の保全強化を目的とした研究、記録、技術支援、研修、普及啓発を行うことを目的としている。
　世界遺産条約に関するICCROMの役割は、文化遺産に関する研修において主導的な協力機関であること、文化遺産の保存状況の監視、世界遺産条約締約国から提出された国際援助要請の審査、人材育成への助言及び支援などである。

ユネスコ世界遺産の概要

17 世界遺産暫定リスト

世界遺産暫定リストとは、各世界遺産条約締約国が「世界遺産リスト」へ登録することがふさわしいと考える、自国の領域内に存在する物件の目録である。

従って、世界遺産条約締約国は、各自の世界遺産暫定リストに、将来、登録推薦を行う意思のある物件の名称を示す必要がある。

2018年1月現在、世界遺産暫定リストに記載されている物件は、1669物件（176か国）であり、世界遺産暫定リストを、まだ作成していない国は、作成が必要である。

また、追加や削除など、世界遺産暫定リストの定期的な見直しが必要である。

アメリカ合衆国については、「公民権運動の地」、「フランク・ロイド・ライトの建造物群」、「ブルックリン橋」、「カリフォルニア海流保全地域」など20物件が記載されている。

18 危機にさらされている世界遺産 （略称　危機遺産　★【危機遺産】　54物件）

ユネスコの「危機にさらされている世界遺産リスト」には、2018年1月現在、34の国と地域にわたって自然遺産が16物件、文化遺産が38物件の合計54物件が登録されている。地域別に見ると、アフリカが15物件、アラブ諸国が22物件、アジア・太平洋地域が6物件、ヨーロッパ・北米が4物件、ラテンアメリカ・カリブが7物件となっている。

アメリカ合衆国については、生態系の劣化などの理由により「エバーグレーズ国立公園」（1997年世界自然遺産登録）が、2010年から「危機遺産リスト」に登録されている。1993年にも「危機遺産リスト」に登録され、改善措置が講じられたため2007年に解除されたが、再度の登録となった。

危機遺産になった理由としては、地震などの自然災害によるもの、民族紛争などの人為災害によるものなど多様である。世界遺産は、今、イスラム国などによる攻撃、破壊、盗難の危機にさらされている。こうした危機から回避していく為には、戦争や紛争のない平和な社会を築いていかなければならない。それに、開発と保全のあり方も多角的な視点から見つめ直していかなければならない。

「危機遺産リスト」に登録されても、その後改善措置が講じられ、危機的状況から脱した場合は、「危機遺産リスト」から解除される。一方、一旦解除されても、再び危機にさらされた場合には、再度、「危機遺産リスト」に登録される。一向に改善の見込みがない場合には、「世界遺産リスト」そのものからの登録抹消もありうる。

19 危機にさらされている世界遺産リストへの登録基準

世界遺産委員会が定める危機にさらされている世界遺産リスト（List of the World Heritage in Danger）への登録基準は、以下の通りで、いずれか一つに該当する場合に登録される。

〔自然遺産の場合〕

（1）**確認危険**　遺産が特定の確認された差し迫った危険に直面している、例えば、

　　a. 法的に遺産保護が定められた根拠となった顕著で普遍的な価値をもつ種で、絶滅の危機にさらされている種やその他の種の個体数が、病気などの自然要因、或は、密猟・密漁などの人為的要因などによって著しく低下している

   b. 人間の定住、遺産の大部分が氾濫するような貯水池の建設、産業開発や、農薬や肥料の使用を含む農業の発展、大規模な公共事業、採掘、汚染、森林伐採、燃料材の採取などによって、遺産の自然美や学術的価値が重大な損壊を被っている
   c. 境界や上流地域への人間の侵入により、遺産の完全性が脅かされる

(2) **潜在危険**　遺産固有の特徴に有害な影響を与えかねない脅威に直面している、例えば、

   a. 指定地域の法的な保護状態の変化
   b. 遺産内か、或は、遺産に影響が及ぶような場所における再移住計画、或は、開発事業
   c. 武力紛争の勃発、或は、その恐れ
   d. 保護管理計画が欠如しているか、不適切か、或は、十分に実施されていない

〔文化遺産の場合〕

(1) **確認危険**　遺産が特定の確認された差し迫った危険に直面している、例えば、

   a. 材質の重大な損壊
   b. 構造、或は、装飾的な特徴の重大な損壊
   c. 建築、或は、都市計画の統一性の重大な損壊
   d. 都市、或は、地方の空間、或は、自然環境の重大な損壊
   e. 歴史的な真正性の重大な喪失
   f. 文化的な意義の大きな喪失

(2) **潜在危険**　遺産固有の特徴に有害な影響を与えかねない脅威に直面している、例えば、

   a. 保護の度合いを弱めるような遺産の法的地位の変化
   b. 保護政策の欠如
   c. 地域開発計画による脅威的な影響
   d. 都市開発計画による脅威的な影響
   e. 武力紛争の勃発、或は、その恐れ
   f. 地質、気象、その他の環境的な要因による漸進的変化

⑳ 監視強化メカニズム

　監視強化メカニズム（Reinforced Monitoring Mechanism略称：RMM）とは、2007年4月に開催されたユネスコの第176回理事会で採択された「世界遺産条約の枠組みの中で、世界遺産委員会の決議の適切な履行を確保する為のメカニズムを世界遺産委員会で提案すること」の事務局長への要請を受け、2007年の第31回世界遺産委員会で採択された新しい監視強化メカニズムのことである。RMMの目的は、「顕著な普遍的価値」の喪失につながりかねない突発的、偶発的な原因や理由で、深刻な危機的状況に陥った現場に専門家を速やかに派遣、監視し、次の世界遺産委員会での決議を待つまでもなく可及的速やかな対応や緊急措置を講じられる仕組みである。

㉑ 世界遺産リストからの登録抹消

　ユネスコの世界遺産は、「世界遺産リスト」への登録後において、下記のいずれかに該当する場合、世界遺産委員会は、「世界遺産リスト」から登録抹消の手続きを行なうことが出来る。

1) 世界遺産登録を決定づけた物件の特徴が失われるほど物件の状態が悪化した場合。
2) 世界遺産の本来の特質が、登録推薦の時点で、既に、人間の行為によって脅かされており、かつ、その時点で世界遺産条約締約国によりまとめられた必要な改善措置が、予定された期間内に講じられなかった場合。

これまでの登録抹消の事例としては、下記の2つの事例がある。

● オマーン　　「アラビアン・オリックス保護区」
　　　　　　　（自然遺産　1994年世界遺産登録　2007年登録抹消）
　　　　　　＜理由＞油田開発の為、オペレーショナル・ガイドラインズに違反し世界遺産の登録範囲を勝手に変更したことによる世界遺産登録時の完全性の喪失。
● ドイツ　　　「ドレスデンのエルベ渓谷」
　　　　　　　（文化遺産　2004年世界遺産登録　★【危機遺産】2006年登録　2009年登録抹消）
　　　　　　＜理由＞文化的景観の中心部での橋の建設による世界遺産登録時の完全性の喪失。

22 世界遺産基金

　世界遺産基金とは、世界遺産の保護を目的とした基金で、2016～2017年（2年間）の予算案は、6,559,877US\$。世界遺産条約が有効に機能している最大の理由は、この世界遺産基金を締約国に義務づけることにより世界遺産保護に関わる援助金を確保できることであり、その使途については、世界遺産委員会等で審議される。

　日本は、世界遺産基金への分担金として、世界遺産条約締約後の1993年には、762,080US\$（1992年／1993年分を含む）、その後、1994年 395,109US\$、1995年 443,903US\$、1996年 563,178 US\$、1997年 571,108US\$、1998年 641,312US\$、1999年 677,834US\$、2000年 680,459US\$、2001年 598,804US\$、2002年 598,804US\$、2003年 598,804US\$、2004年 597,038US\$、2005年 597,038US\$、2006年 509,350US\$、2007年 509,350US\$、2008年 509,350US\$、2009年 509,350US\$、2010年 409,137US\$、2011年 409,137US\$、2012年 409,137US\$、2013年 353,730US\$、2014年 353,730US\$、2015年 353,730US\$　2016年 316,019US\$を拠出している。

（1）世界遺産基金の財源

□世界遺産条約締約国に義務づけられた分担金（ユネスコに対する分担金の1%を上限とする額）
□各国政府の自主的拠出金、団体・機関（法人）や個人からの寄付金

（2016年予算案の分担金または任意拠出金の支払予定上位国）

❶米国	718,300 US\$	❷日本	316,019 US\$	❸中国	258,588 US\$
❹ドイツ	208,601 US\$	❺英国	159,542 US\$	❻フランス	158,646 US\$
❼オーストラリア	152,606 US\$	❽ブラジル	124,821 US\$	❾イタリア	122,372 US\$
❿ロシア連邦	100,823 US\$	⓫カナダ	95,371 US\$	⓬スペイン	79,764 US\$
⓭韓国	66,573 US\$	⓮オランダ	48,589 US\$	⓯メキシコ	46,853 US\$
⓰スイス	37,221 US\$	⓱トルコ	33,238 US\$	⓲スウェーデン	31,213 US\$
⓳ベルギー	29,729 US\$	⓴シンガポール	29,190 US\$		

世界遺産基金 （**The World Heritage Fund／Fonds du Patrimoine Mondial**）

- UNESCO account No. 949-1-191558　　　　　　　　（US＄）
  CHASE MANHATTAN BANK　4 Metrotech Center,Brooklyn,NewYork,NY 11245 USA
  SWIFT CODE:CHASUS33-ABA No.0210-0002-1
- UNESCO account No. 30003-03301-00037291180-53　　　（＄ EU）
  Societe Generale　106 rue Saint-Dominique 75007 paris　FRANCE
  SWIFT CODE:SOGE FRPPAFS

（2）世界遺産基金からの国際援助の種類と援助実績

①世界遺産登録の準備への援助（Preparatory Assistance）

＜例示＞
- マダガスカル　　アンタナナリボのオートヴィル　　　　　　　　30,000 US＄

②保全管理への援助（Conservation and Management Assistance）

＜例示＞
- ミクロネシア　　ナン・マドール：東ミクロネシアの祭祀センター　30,000 US＄
  （2016年世界遺産登録／危機遺産登録）の雑草の駆除

- ボツワナ　　　　オカヴァンゴ・デルタ（2014年世界遺産登録）の　27,080 US＄
  管理計画のレビュー

- カーボ・ヴェルデ シダーデ・ヴェリャ、リベイラ・グランデの歴史地区　27,900 US＄
  （2009年世界遺産登録）の都市計画規則に関するハンドブックの作成
- セネガル　　　　ニオコロ・コバ国立公園　　　　　　　　　　　29,674 US＄
  （1981年世界遺産登録／2007年危機遺産登録）の管理計画の更新

③緊急援助（Emergency Assistance）

＜例示＞
- ガンビア　　　　クンタ・キンテ島と関連遺跡群（2003年世界遺産登録）　5,025 US＄
  のCFAOビルの屋根の復旧

㉓ アメリカ合衆国の世界遺産条約の締結とその後の世界遺産登録

1872 年	アメリカ合衆国が、世界で最初の国立公園法を制定。イエローストーン国立公園、世界初の国立公園に指定される。
1916年8月25日	内務省の下部組織として国立公園局（National Park Service 略称 NPS）が設立される。
1945年10月24日	アメリカ合衆国、国連に加盟。
1946年11月4日	アメリカ合衆国、ユネスコに加盟。
1948 年	IUCN（国際自然保護連合）が発足。
1954 年	ハーグで「軍事紛争における文化財の保護のための条約」を採択。
1959 年	ICCROM（文化財保存修復研究国際センター）が発足。
1962 年	IUCN 第1回世界公園会議、アメリカのシアトルで開催、「国連保護地域リスト」（United Nations List of Protected Areas）の整備。

ユネスコ世界遺産の概要

1960年代半ば	アメリカ合衆国や国連環境会議などを中心にした自然遺産保護に関する条約の模索と検討。
1964 年	ヴェネツィア憲章採択。
1965 年	ICOMOS（国際記念物遺跡会議）が発足。
1965 年	アメリカ・イコモスを設立。
1965 年	米国ホワイトハウス国際協力市民会議「世界遺産トラスト」（World Heritage Trust）の提案。
1967 年	アムステルダムで開催された国際会議で、アメリカ合衆国が自然遺産と文化遺産を総合的に保全するための「世界遺産トラスト」を設立することを提唱。
1970 年	「文化財の不正な輸入、輸出、および所有権の移転を禁止、防止する手段に関する条約」を採択。
1971 年	ニクソン大統領、1972 年のイエローストーン国立公園 100 周年を記念し、「世界遺産トラスト」を提案（ニクソン政権に関するメッセージ）、この後、IUCN（国際自然保護連合）とユネスコが世界遺産の概念を具体化するべく世界遺産条約の草案を作成。
〃	ユネスコと ICOMOS（国際記念物遺跡会議）による「普遍的価値を持つ記念物、建造物群、遺跡の保護に関する条約案」提示。
1972 年	ユネスコはアメリカの提案を受けて、自然・文化の両遺産を統合するための専門家会議を開催、これを受けて両草案はひとつにまとめられた。
〃	ストックホルムで開催された国連人間環境会議で条約の草案報告。
〃	パリで開催された第 17 回ユネスコ総会において採択。
1973年12月7日	アメリカ合衆国、世界遺産条約を批准。
1975 年	世界の文化遺産及び自然遺産の保護に関する条約発効。
1976年～1983年	世界遺産委員会委員国。
1978 年 9 月	第 2 回世界遺産委員会を（議長ディビッド・ヘイル　Mr.David Hales）ワシントンで開催。
1978 年 9 月	「メサ・ヴェルデ」と「イエローストーン」が、第 2 回世界遺産委員会ワシントン会議で、世界遺産リストに登録される。
1979 年 10月	「グランド・キャニオン国立公園」、「エヴァグレーズ国立公園」、「独立記念館」、「クルアーニー/ランゲル-セント・イライアス/グレーシャー・ベイ/タッチェンシニー-アルセク」が第 3 回世界遺産委員会ルクソール会議で、世界遺産リストに登録される。
1980 年 9 月	「レッドウッド国立及び州立公園」が第 4 回世界遺産委員会パリ会議で、世界遺産リストに登録される。
1981 年 10月	「マンモス・ケーヴ国立公園」、「オリンピック国立公園」が第 5 回世界遺産委員会シドニー会議で、世界遺産リストに登録される。
1982 年 12月	「カホキア墳丘群州立史跡」が第 6 回世界遺産委員会パリ会議で、世界遺産リストに登録される。
1983 年 12月	「グレート・スモーキー山脈国立公園」、「プエルト・リコのラ・フォルタレサとサン・ファン国定史跡」が第 7 回世界遺産委員会フィレンツェ会議で、世界遺産リストに登録される。
1984年 10月	「自由の女神像」、「ヨセミテ国立公園」が第 8 回世界遺産委員会ブエノスアイレス会議で、世界遺産リストに登録される。
1984年 12月	アメリカ合衆国、ユネスコを脱退。
1987年～1993年	世界遺産委員会委員国。
1987年 12月	「チャコ文化」、「ハワイ火山国立公園」、「シャーロットヴィルのモンティセロとヴァージニア大学」が第 11 回世界遺産委員会パリ会議で、世界遺産リストに登録される。
1992年	ユネスコ事務局長、ユネスコ世界遺産センターを設立。
1992年 12月	第 16 回世界遺産委員会を（議長ジェニファー・ソールズベリー　Ms.Jennifer Salisbury）サンタ・フェで開催。

1992年12月	「タオス・プエブロ」が第16回世界遺産委員会サンタ・フェ会議で、世界遺産リストに登録される。
1993年〜1999年	世界遺産委員会委員国。
1995年12月	「カールズバッド洞窟群国立公園」、「ウォータートン・グレーシャー国際平和自然公園」が第19回世界遺産委員会ベルリン会議で、世界遺産リストに登録される。
2003年10月1日	アメリカ合衆国、ユネスコに復帰。
2005年〜2009年	世界遺産委員会委員国。
2006年	無形遺産の保護に関する条約が発効。
2006年	ユネスコ創設60周年。
2007年	文化的表現の多様性の保護および促進に関する条約が発効。
2008年	世界遺産暫定リストに「公民権運動の地」、「デイトン航空遺産」、「ホープウェル儀式の土塁」、「トーマス・ジェファーソンの建造物群」、「マウント・バーノン」、「サーペント・マウンド」、「フランク・ロイド・ライトの建造物群」、「オキフェノーキー湿地国立野生生物保護区」、「化石の森国立公園」、「ホワイト・サンズ国定記念物」の10件を登録。
2009年	水中文化遺産保護に関する条約が発効。
2010年8月	「パパハナウモクアケア」が第34回世界遺産委員会ブラジリア会議で、世界遺産リストに登録される。米国初の複合遺産。
2014年6月	「ポヴァティ・ポイントの記念碑的な土塁群」が第38回世界遺産委員会ドーハ会議で、世界遺産リストに登録される。
2015年7月	「サン・アントニオ・ミッションズ」が第39回世界遺産委員会ボン会議で、世界遺産リストに登録される。
2017年10月	アメリカ合衆国、イスラエルと共にユネスコを脱退することを表明。
2020年6月〜7月	第44回世界遺産委員会から、新登録に関わる登録推薦件数は1国1件、審査件数の上限は35になる。
2022年	世界遺産条約採択50周年
2030年	持続可能な開発目標（SDGs）17ゴール

24 アメリカ合衆国のユネスコ世界遺産

　2018年1月現在、23物件（自然遺産　12物件、文化遺産10物件、複合遺産1物件）が「世界遺産リスト」に登録されており、世界第10位である。

❶メサ・ヴェルデ国立公園（Mesa Verde National Park）
　文化遺産（登録基準(iii)）　1978年　コロラド州
②イエローストーン国立公園（Yellowstone National Park）
　自然遺産（登録基準(vii)(viii)(ix)(x)）　1978年　ワイオミング州、モンタナ州、アイダホ州
③エバーグレーズ国立公園（Everglades National Park）
　自然遺産（登録基準(viii)(ix)(x)）　1979年　★【危機遺産】2010年　フロリダ州フロリダ
④グランド・キャニオン国立公園（Grand Canyon National Park）
　自然遺産（登録基準(vii)(viii)(ix)(x)）　1979年　アリゾナ州
❺独立記念館（Independence Hall）
　文化遺産（登録基準(vi)）　1979年　ペンシルベニア州フィラデルフィア
❻クルエーン／ランゲルーセントエライアス／グレーシャーベイ／タッシェンシニ・アルセク
（Kluane / Wrangell-StElias / GlacierBay / Tatshenshini-Alsek）
　自然遺産（登録基準(vii)(viii)(ix)(x)）　1979年／1992年／1994年
　アラスカ州　アメリカ合衆国／カナダ

⑦レッドウッド国立州立公園 （Redwood National and State Parks）
　自然遺産（登録基準(vii)(ix)）　1980年　カリフォルニア州

⑧マンモスケーブ国立公園 （Mammoth Cave National Park）
　自然遺産（登録基準(vii)(viii)(x)）　1981年　ケンタッキー州

⑨オリンピック国立公園 （Olympic National Park）
　自然遺産（登録基準(vii)(ix)）　1981年　ワシントン州

⑩カホキア土塁州立史跡 （Cahokia Mounds State Historic Site）
　文化遺産（登録基準(iii)(iv)）　1982年　イリノイ州

⑪グレート・スモーキー山脈国立公園 （Great Smoky Mountains National Park）
　自然遺産（登録基準(vii)(viii)(ix)(x)）　1983年
　テネシー州、ノースカロライナ州

⑫プエルト・リコのラ・フォルタレサとサン・ファンの国立歴史地区
　（La Fortaleza and San Juan National Historic Site in Puerto Rico）
　文化遺産（登録基準(vi)）　1983年　プエルト・リコ准州

⑬自由の女神像 （Statue of Liberty）
　文化遺産（登録基準(i)(vi)）　1984年　ニューヨーク州

⑭ヨセミテ国立公園 （Yosemite National Park）
　自然遺産（登録基準(vii)(viii)）　1984年　カリフォルニア州

⑮チャコ文化 （Chaco Culture）
　文化遺産（登録基準(iii)）　1987年　ニューメキシコ州

⑯シャーロッツビルのモンティセロとヴァージニア大学
　（Monticello and the University of Virginia in Charlottesville）
　文化遺産（登録基準(i)(iv)(vi)）　1987年　ヴァージニア州

⑰ハワイ火山群国立公園 （Hawaii Volcanoes National Park）
　自然遺産（登録基準(viii)）　1987年　ハワイ州

⑱タオス・プエブロ （Taos Pueblo）
　文化遺産（登録基準(iv)）　1992年　ニューメキシコ州

⑲カールスバッド洞窟群国立公園 （Carlsbad Caverns National Park）
　自然遺産（登録基準(vii)(viii)）　1995年　ニューメキシコ州

⑳ウォータートン・グレーシャー国際平和公園 （Waterton Glacier International Peace Park）
　自然遺産（登録基準(vii)(ix)）　1995年　モンタナ州　アメリカ合衆国／カナダ

㉑パパハナウモクアケア （Papahanaumokuakea）
　複合遺産（登録基準(iii)(vi)(viii)(ix)(x)）　2010年　ハワイ州

㉒ポヴァティ・ポイントの記念碑的な土塁群 （Monumental Earthworks of Poverty Point）
　文化遺産（登録基準(iii)）　2014年　ルイジアナ州ウェストキャロル

㉓サン・アントニオ・ミッションズ （San Antonio Missions）
　文化遺産（登録基準(ii)）　2015年　テキサス州

㉕ アメリカ合衆国の世界遺産暫定リスト記載物件

　世界遺産締約国は、世界遺産委員会から将来、世界遺産リストに登録する為の候補物件について、暫定リスト（Tentative List）の目録を提出することが求められている。アメリカ合衆国の暫定リスト記載物件は、次の20件である。（●文化遺産関係 ○自然遺産関係 （ ）内は暫定リスト記載年）

　　●公民権運動の地 （Civil Rights Movement Sites） （2008年）
　　●デイトン航空遺産 （Dayton Aviation Sites） （2008年）
　　●ホープウェル儀式の土塁 （Hopewell Ceremonial Earthworks） （2008年）

ユネスコ世界遺産の概要

●トーマス・ジェファーソンの建造物群（Thomas Jefferson Buildings）（2008年）
●マウント・バーノン（Mount Vernon）（2008年）
●サーペント・マウンド（Serpent Mound）（2008年）
●フランク・ロイド・ライトの建造物群（Frank Lloyd Wright Buildings）（2008年）
○オキフェノーキー湿地国立野生生物保護区（Okefenokee National Wildlife Refuge）（2008年）
○化石の森国立公園（Petrified Forest National Park）（2008年）
○ホワイト・サンズ国定記念物（White Sands National Monument）（2008年）
○ビッグ・ベンド国立公園（Big Bend National Park）（2017年）
●ブルックリン橋（Brooklyn Bridge）（2017年）
○カリフォルニア海流保全地域（California Current Conservation Complex）（2017年）
●セントラル・パーク（Central Park）（2017年）
●シカゴの初期の超高層ビル（Early Chicago Skyscrapers）（2017年）
●エリス島（Ellis Island）（2017年）
○マリアナ海溝海洋ナショナル・モニュメント
　（Marianas Trench Marine National Monument）（2017年）
○アメリカ領サモアの海洋保護地域（Marine Protected Areas of American Samoa）（2017年）
●モラヴィア教会の入植地（Moravian Church Settlements）（2017年）
○太平洋離島群海洋ナショナル・モニュメント
　（Pacific Remote Islands Marine National Monument）（2017年）

26 ユネスコ世界遺産の今後の課題

●「世界遺産リスト」への登録物件の厳選、精選、代表性、信用(信頼)性の確保。
●世界遺産委員会へ諮問する専門機関(IUCNとICOMOS)の勧告と世界遺産委員会の決議との乖離の是正。
●行き過ぎたロビー活動を規制する為の規則を、オペレーショナル・ガイドラインズに反映することについての検討。
●締約国と専門機関(IUCNとICOMOS)との対話の促進と手続きの透明性の確保。
●同種、同類の登録物件の再編と統合。
　　例示：イグアス国立公園(アルゼンチンとブラジル)
　　　　　サンティアゴ・デ・コンポステーラへの巡礼道(スペインとフランス)
　　　　　スンダルバンス国立公園(インド)とサンダーバンズ(バングラデシュ)
　　　　　古代高句麗王国の首都群と古墳群(中国)と高句麗古墳群(北朝鮮)　など。
●「世界遺産リスト」への登録物件の上限数の検討。
●世界遺産の効果的な保護(Conservation)の確保。
●世界遺産登録時の真正性(Authenticity)や完全性(Integrity)が損なわれた場合の世界遺産リストからの抹消。
●類似物件、同一カテゴリーの物件との比較分析。→　暫定リストの充実
●登録物件数の地域的不均衡(ヨーロッパ・北米偏重)の解消。
●自然遺産と文化遺産の登録物件数の不均衡(文化遺産偏重)の解消。
●グローバル・ストラテジー(文化的景観、産業遺産、20世紀の建築等)の拡充。
●「文化的景観」、「歴史的町並みと街区」、「運河に関わる遺産」、「遺産としての道」など、特殊な遺産の世界遺産リストへの登録。
●危機にさらされている世界遺産　(★【危機遺産】)　への登録手続きの迅速化などの緊急措置。
●新規登録の選定作業よりも、既登録の世界遺産のモニタリングなど保全管理を重視し、危機遺産比率を下げていくことに注力していくことが必要。
●複数国にまたがるシリアル・ノミネーション(トランスバウンダリー・ノミネーション)の保全

ユネスコ世界遺産の概要

管理にあたって、全体の「顕著な普遍的価値」が損なわれないよう、構成資産のある当事国や所有管理者間のコミュニケーションを密にし、全体像の中での各構成資産の位置づけなどの解説や説明など全体管理を行なう組織が必要。

● 実効ある監視強化メカニズム（Reinforced Monitoring Mechanism）の運用。
● 「気候変動が世界遺産に及ぼす影響」など地球環境問題への戦略的対応。
● 世界遺産条約締約国が、世界遺産条約の理念や本旨を遵守しない場合の制裁措置等の検討。
● 世界遺産条約をまだ締約していない国・地域（ソマリア、ブルンジ、ツバル、ナウル、リヒテンシュタイン）の条約締約の促進。
● 世界遺産条約を締約しているが、まだ世界遺産登録のない26か国（ブルンディ、コモロ、ルワンダ、リベリア、シエラレオネ、スワジランド、ギニア・ビサウ、サントメ・プリンシペ、ジブチ、赤道ギニア、南スーダン、クウェート、モルジブ、ニウエ、サモア、ブータン、トンガ、クック諸島、ブルネイ、東ティモール、モナコ、ガイアナ、グレナダ、セントヴィンセントおよびグレナディーン諸島、トリニダード・トバコ、バハマ）からの最低1物件以上の世界遺産登録の促進。
● 世界遺産条約を締約していない国・地域の世界遺産（なかでも★【危機遺産】）の取扱い。
● 世界遺産条約を締約しているが、まだ世界遺産暫定リストを作成していない国（赤道ギニア、サントメ・プリンシペ、南スーダン、ブルネイ、クック諸島、ニウエ、東ティモール）への作成の促進。
● 無形文化遺産保護条約、世界の記憶（Memory of the World）との連携。
● 世界遺産から無形遺産も含めた地球遺産へ。
● 世界遺産基金の充実と世界銀行など国際金融機関との連携。
● 世界遺産を通じての国際交流と国際協力の促進。
● 世界遺産地の博物館、美術館、情報センター、ビジターセンターなどのガイダンス施設の充実。
● 国連「世界遺産のための国際デー」（11月16日）の制定。

㉗ ユネスコ世界遺産を通じての総合学習

● 世界平和や地球環境の大切さ
● 世界遺産の鑑賞とその価値（歴史性、芸術性、文化性、景観上、保存上、学術上など）
● 地球の活動の歴史と生物多様性（地形・地質、生態系、自然景観、生物多様性など）
● 人類の功績、所業、教訓（遺跡、建造物群、モニュメントなど）
● 世界遺産の多様性（自然の多様性、文化の多様性）
● 世界遺産地の民族、言語、宗教、地理、歴史、伝統、文化
● 世界遺産の保護と地域社会の役割
● 世界遺産と人間の生活や生業との関わり
● 世界遺産を取り巻く脅威、危険、危機
● 世界遺産の保護・保全・保存の大切さ
● 世界遺産の利活用（教育、観光、地域づくり、まちづくり）
● 国際理解、異文化理解
● 世界遺産教育、世界遺産学習
● 広い視野に立って物事を考えることの大切さ
● 郷土愛、郷土を誇りに思う気持ちの大切さ
● 人と人とのつながりや絆の大切さ
● 地域遺産を守っていくことの大切さ
● ヘリティッジ・ツーリズム、カルチュラル・ツーリズム、エコ・ツーリズム

㉘ 今後の世界遺産委員会等の開催スケジュール

2018年6月24日〜7月4日 第42回世界遺産委員会マナーマ会議（バーレーン）
（審議対象物件：2017年2月1日までの登録申請分）
2018年11月26日〜12月1日 第13回無形文化遺産委員会ポート・ルイス会議（モーリシャス）
2019年11月頃 「世界の記憶」第14回国際諮問委員会

㉙ 世界遺産条約の将来

●世界遺産の6つの将来目標

◎世界遺産の「顕著な普遍的価値」の維持
◎信用性のある世界で最も顕著な文化・自然遺産の選定である世界遺産リスト
◎現在と将来の環境的、社会的、経済的なニーズを考慮した遺産の保護と保全
◎世界遺産のブランドの質の維持・向上
◎世界遺産委員会の政策と戦略的重要事項の表明
◎定例会合での決議事項の周知と効果的な履行

●世界遺産条約履行の為の戦略的行動計画 2012〜2022

◎信用性、代表性、均衡性のある「世界遺産リスト」の為のグローバル戦略の履行と
自発的な保全へ取組みとの連携（PACT＝世界遺産パートナー・イニシアティブ）に関する
ユネスコの外部監査による独立的評価
◎世界遺産の人材育成戦略
◎災害危険の軽減戦略
◎世界遺産地の気候変動のインパクトに関する政策
◎下記のテーマに関する専門家グループ会合開催の推奨
　○ 世界遺産の保全への取組み
　○ 世界遺産条約の委員会等組織での意思決定の手続き
　○ 世界遺産委員会での登録可否の検討に先立つ前段プロセス（早い段階での諮問機関の
　　ICOMOSやIUCNの改善の対話等、アップストリーム・プロセスの明文化）の改善
　○ 世界遺産条約における保全と持続可能な発展との関係

＜出所＞2011年第18回世界遺産条約締約国パリ総会での決議事項に拠る。

㉚ 備考

◎ユネスコ・アメリカ合衆国政府代表部
U.S. Mission to UNESCO
American Embassy
12, avenue Raphael 75016 PARIS
TEL：01.43.12.74.56 FAX：01.43.12.74.58
E-mail：ParisUNESCO@state.gov http://unesco.usmission.gov/
◎アメリカ合衆国・ユネスコ国内委員会
U.S. Department of State
2401 E Street NW Room #L-409
Washington, DC 20037
United States of America
TEL：(1.202) 663 2407 TEL：(1.202) 647 8902
Email：dcunesco@state.gov(SG) http://www.state.gov/p/io/unesco/

ユネスコ世界遺産の概要

ユネスコ世界遺産の概要

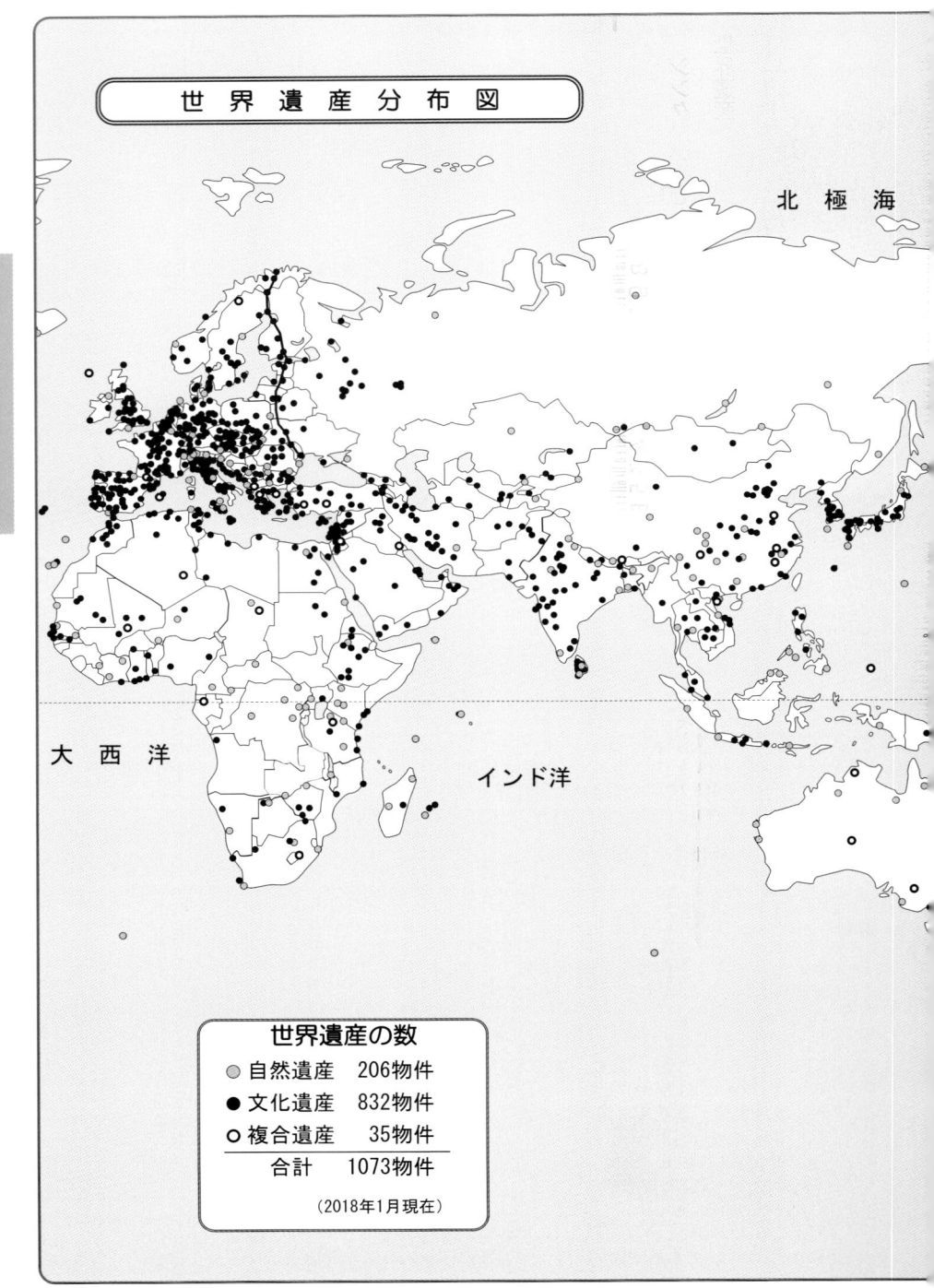

世 界 遺 産 分 布 図

北 極 海

大 西 洋

インド洋

世界遺産の数

● 自然遺産	206物件
● 文化遺産	832物件
○ 複合遺産	35物件
合計	1073物件

（2018年1月現在）

ユネスコ世界遺産の概要

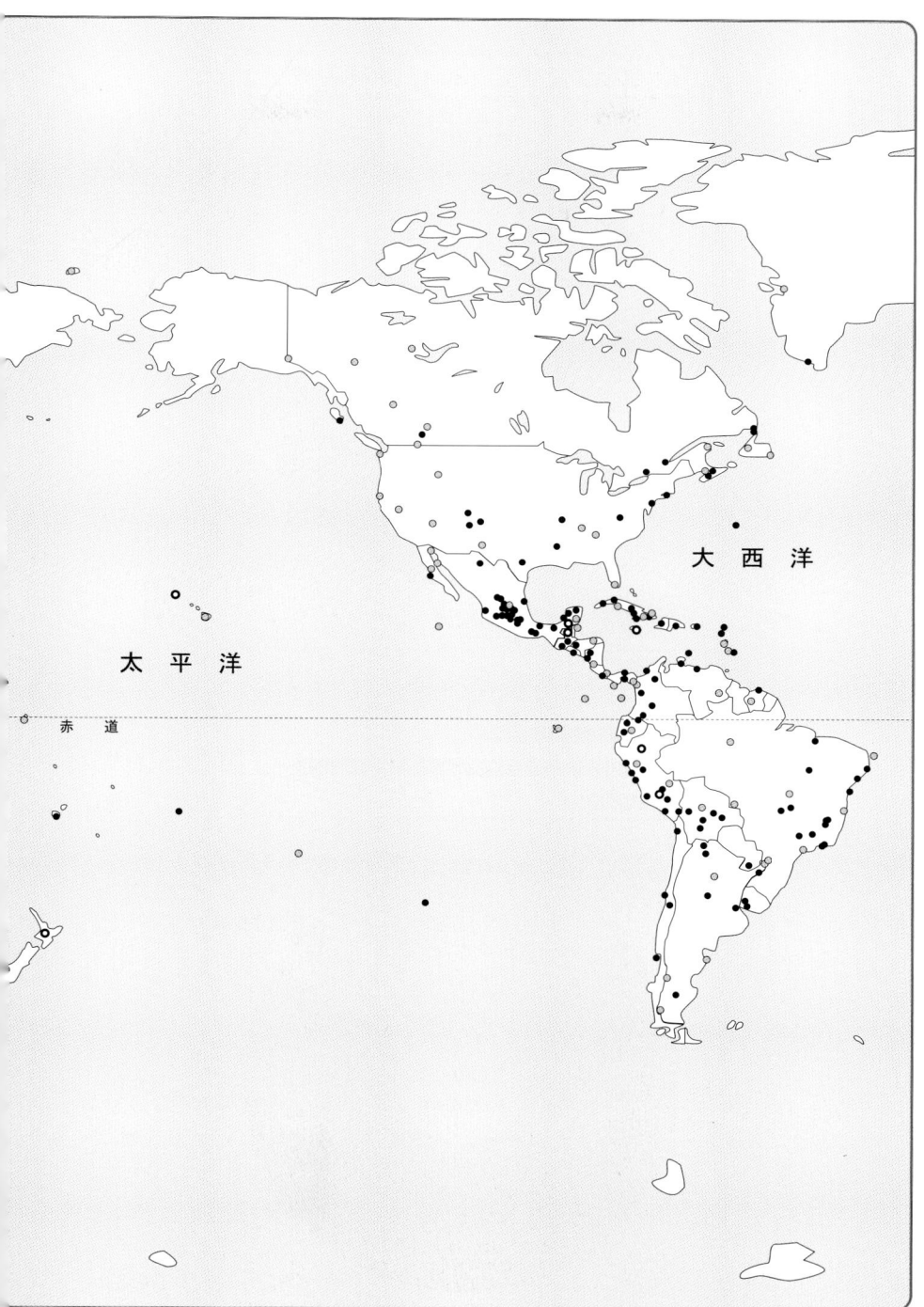

大　西　洋

太　平　洋

赤　道

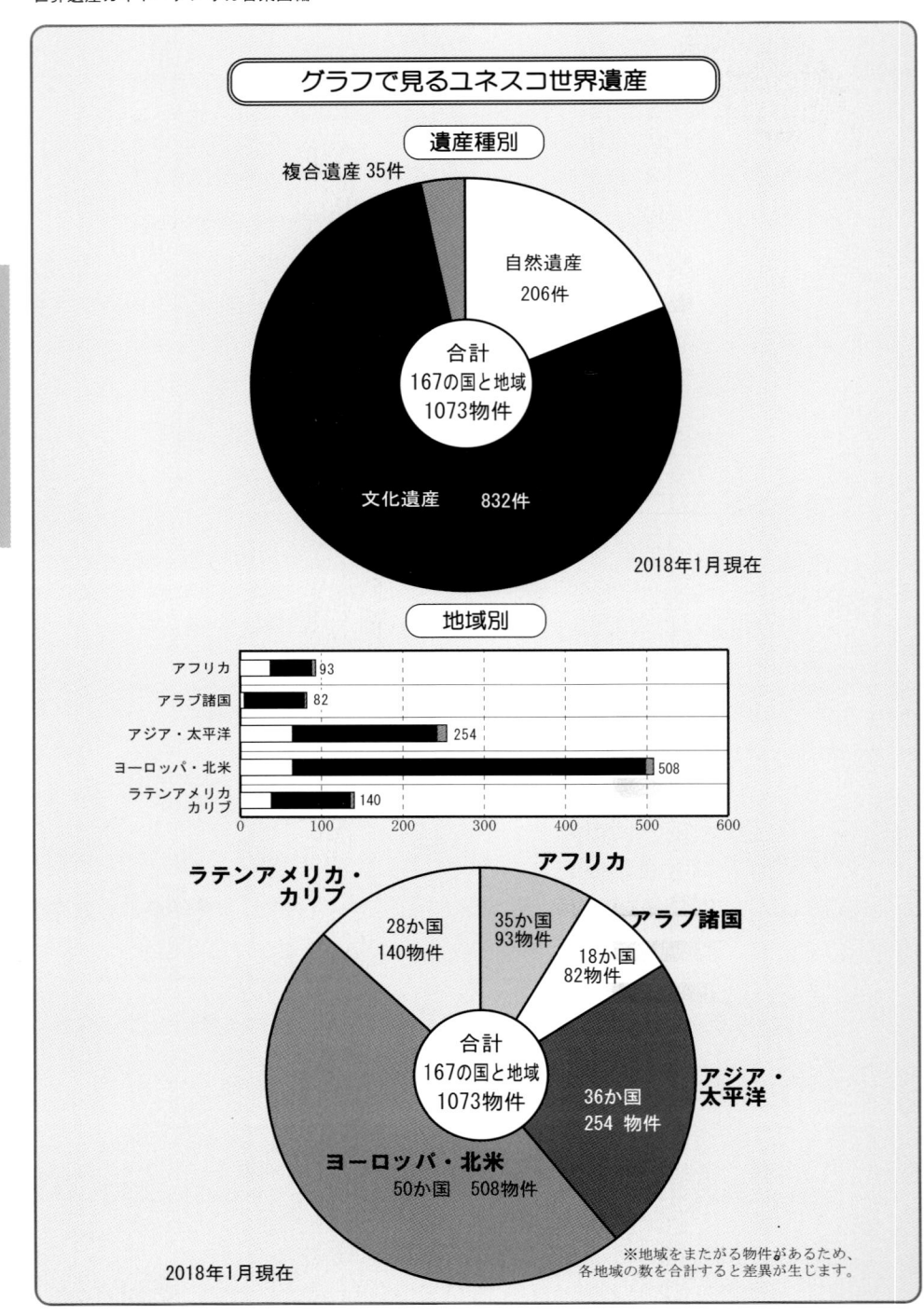

グラフで見るユネスコ世界遺産

遺産種別

複合遺産 35件

自然遺産 206件

合計
167の国と地域
1073物件

文化遺産　832件

2018年1月現在

地域別

地域	件数
アフリカ	93
アラブ諸国	82
アジア・太平洋	254
ヨーロッパ・北米	508
ラテンアメリカ カリブ	140

（横軸目盛：0, 100, 200, 300, 400, 500, 600）

ラテンアメリカ・カリブ
28か国
140物件

アフリカ
35か国
93物件

アラブ諸国
18か国
82物件

アジア・太平洋
36か国
254 物件

合計
167の国と地域
1073物件

ヨーロッパ・北米
50か国　508物件

2018年1月現在

※地域をまたがる物件があるため、
各地域の数を合計すると差異が生じます。

ユネスコ世界遺産の概要

ユネスコ世界遺産の概要

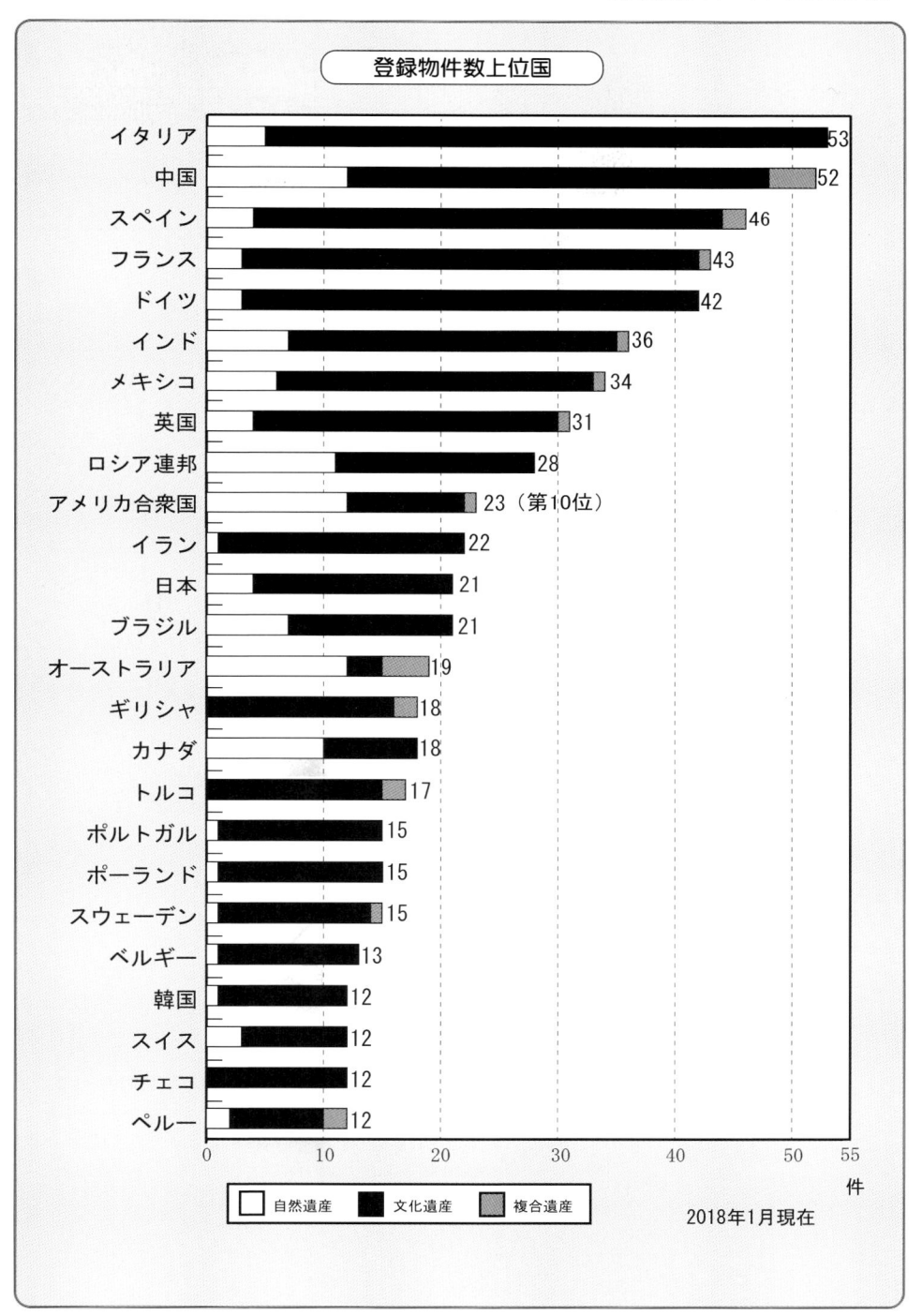

登録物件数上位国

国	件数
イタリア	53
中国	52
スペイン	46
フランス	43
ドイツ	42
インド	36
メキシコ	34
英国	31
ロシア連邦	28
アメリカ合衆国	23（第10位）
イラン	22
日本	21
ブラジル	21
オーストラリア	19
ギリシャ	18
カナダ	18
トルコ	17
ポルトガル	15
ポーランド	15
スウェーデン	15
ベルギー	13
韓国	12
スイス	12
チェコ	12
ペルー	12

□ 自然遺産　■ 文化遺産　▨ 複合遺産

件

2018年1月現在

ユネスコ世界遺産の概要

コア・ゾーン（推薦資産）

登録推薦資産を効果的に保護するたるに明確に設定された境界線。

境界線の設定は、資産の「顕著な普遍的価値」及び完全性及び真正性が十分に表現されることを保証するように行われなければならない。

5 ha

登録範囲

バッファー・ゾーン（緩衝地帯）

推薦資産の効果的な保護を目的として、推薦資産を取り囲む地域に、法的または慣習的手法により補完的な利用・開発規制を敷くことにより設けられるもうひとつの保護の網。推薦資産の直接のセッティング（周辺の環境）、重要な景色やその他資産の保護を支える重要な機能をもつ地域または特性が含まれるべきである。

- ha

長期的な保存管理計画

登録推薦資産の現在及び未来にわたる効果的な保護を担保するために、各資産について、資産の「顕著な普遍的価値」をどのように保全すべきか（参加型手法を用いることが望ましい）について明示した適切な管理計画のこと。どのような管理体制が効果的かは、登録推薦資産のタイプ、特性、ニーズや当該資産が置かれた文化、自然面での文脈によっても異なる。管理体制の形は、文化的視点、資源量その他の要因によって、様々な形式をとり得る。伝統的手法、既存の都市計画や地域計画の手法、その他の計画手法が使われることが考えられる。

- ●設計: フレデリク・バルトルディ
- ●建築：ギュスターヴ・エッフェル
  リチャード・モリス・ハント
- ●所有：アメリカ合衆国政府
- ●管理：アメリカ合衆国国立公園局

担保条件

「自由の女神像」の「顕

顕著な普遍的価値（Outst

国家間の境界を超越し、人類全体にとって現代及文化的な意義及び／又は自然的な価値を意味す国際社会全体にとって最高水準の重要性を有す

ローカル ⇨ リージョナル ⇨ ナショナ

登録遺産名：**Statue of Liberty**（英語）　　日本語表
所在地：アメリカ合衆国ニューヨーク州ニューヨー
位置（経緯度）：北緯40度41分22秒　西経74度2分41秒

登録遺産の説明と概要：ニューヨーク港内のマンハ
100周年を記念して、米仏両国の友好のために、フ
した。正式名称は"Liberty Enlightening the World"（
右手に自由を象徴する松明を掲げ、左手に独立宣
資金難から完成は1886年になった。全高は93m。

交通アクセス：マンハッタン南端のバッテリー公園
　　　　　　　フェリー

遍的価値」の考え方

(rsal Value＝OUV)

通した重要性をもつような、傑出した
な遺産を恒久的に保護することは

ーショナル ⇨ グローバル

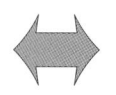

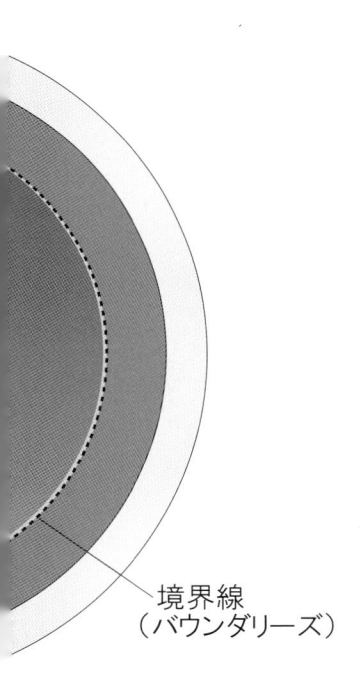

境界線
（バウンダリーズ）

像
ｼ

kmのリバティ島にある。アメリカ独立
を得て、フランス人が発案・設計・製作
由）。高さ46m、重量225トンの像は、
元は暴力を象徴する鎖を踏みつけている。

ージャージー州のリバティー州立公園から

ユネスコ世界遺産の概要

必要十分条件の証明

登録基準（クライテリア）

（i）人類の創造的天才の傑作を表現するもの。
　　→人類の創造的天才の傑作

＜その根拠＞
この巨大な影像は人間の精神の傑作である。彫刻
家のフレデリック・バルトルディと技師のギュスター
ヴ・エッフェルとの協力は、芸術とエンジニアリングを
結集し技術的な驚異を生み出した。

（vi）顕著な普遍的な意義を有する出来事、現存する
　　伝統、思想、信仰、または、芸術的、文学的作
　　品と、直接に、または、明白に関連するもの。
　　**→普遍的出来事、伝統、思想、信仰、芸術、文学的
　　作品と関連するもの**

＜その根拠＞
自由の女神の象徴的な価値は、2つの基本的要素
にある。一つは、フランスとアメリカ合衆国の2つの国
家間の自由と民主主義の要素、もう一つは、自由、
平和、人権、奴隷制度の廃止、民主主義などの要
素である。

（左側縦書き）必　要　条　件

真正（真実）性（オーセンティシティ）

文化遺産の種類、その文化的文脈によって一様ではないが、資産
の文化的価値（上記の登録基準）が、下に示すような多様な属性
における表現において真実かつ信用性を有する場合に、真正性の
条件を満たしていると考えられ得る。
　○形状、意匠
　○材料、材質
　○用途、機能
　○伝統、技能、管理体制
　○位置、セッティング（周辺の環境）
　○言語その他の無形遺産
　○精神、感性
　○その他の内部要素、外部要素

完全性（インテグリティ）

自然遺産及び文化遺産とそれらの特質のすべてが無傷で包含され
ている度合を測るためのものさしである。従って、完全性の条件
を調べるためには、当該資産が以下の条件をどの程度満たしてい
るかを評価する必要がある。
　a)「顕著な普遍的価値」が発揮されるのに必要な要素
　　（構成資産）がすべて含まれているか。
　b) 当該物件の重要性を示す特徴を不足なく代表するために適切
　　な大きさが確保されているか。
　c) 開発及び管理放棄による負の影響を受けていないか。

脅威や危険： 遊覧飛行、観光圧力、暴風雨、水質汚染

（左側縦書き）十　分　条　件

他の類似物件との比較

当該物件を、国内外の類似の世界遺産、その他の物件と比較した
比較分析を行わなければならない。比較分析では、当該物件の国内
での重要性及び国際的な重要性について説明しなければならない。

© 世界遺産総合研究所

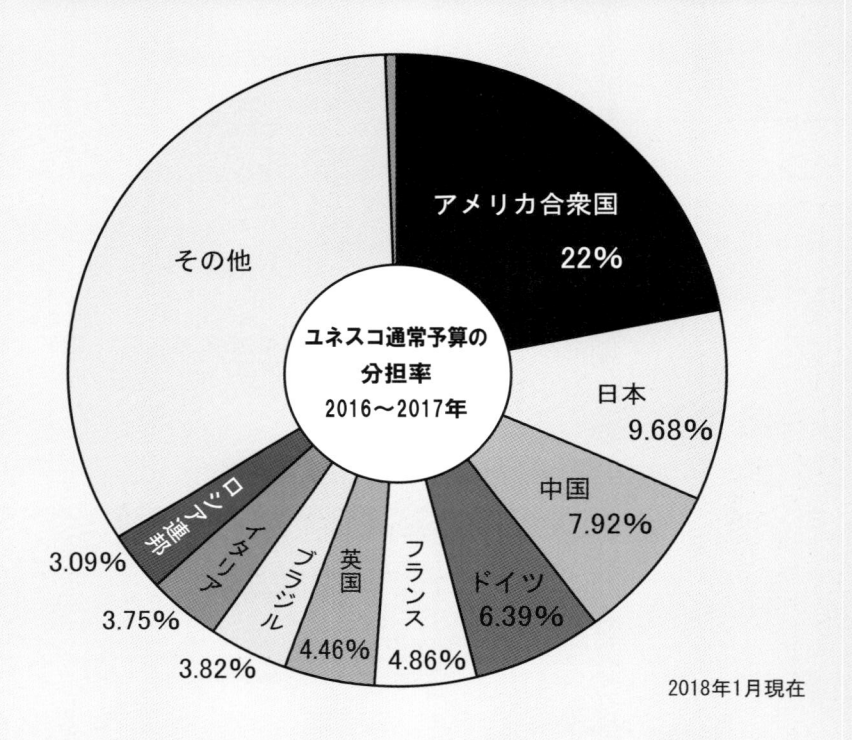

ユネスコ通常予算の分担率（2016〜2017年）

ユネスコ通常予算の
分担率
2016〜2017年

アメリカ合衆国
22%

その他

日本
9.68%

中国
7.92%

ドイツ
6.39%

フランス
4.86%

英国
4.46%

ブラジル
3.82%

イタリア
3.75%

ロシア連邦
3.09%

2018年1月現在

（注）・国連の加盟国が支払う国連分担金の比率（分担率）は、3年に1度、国連総会で見直される。

・分担率は、その国の経済力などを勘案して算出され、ユネスコなどの国連関係機関に適用される。

・オバマ前政権の2011年にユネスコがパレスチナの正式加盟を認めたことにより、アメリカ合衆国の連邦議会は、パレスチナが加盟する国際機関への拠出を禁じた国内法に従って分担金の拠出を凍結、支払いを停止、イスラエルも追随した。

・凍結後のアメリカ合衆国の滞納額は、5億4000万ドル（約600億円）に膨らんでおり、足かせになっている。

・このことも、トランプ政権が2018年12月末にユネスコを脱退する判断、理由の一つになったと言われている。脱退するにしても、滞納額の支払い義務は免れない。

・脱退といっても完全脱退ではなくオブザーバーとして残留するので、既に「世界遺産リスト」や「世界の記憶リスト」に登録されているものは抹消されることはない。

アメリカ合衆国の国の概要

アメリカ合衆国の首都　ワシントンD. C.
ポトマック河畔の桜

アメリカ合衆国（米国） United States of America

独立年月日 1776年7月4日
国名の由来 この地を新大陸であると主張したアメリゴ・ヴェスプッチの名前に由来する。
国旗の意味 星は天を赤は母国なるイギリスを赤地を横切る白い条は母国英国からの独立を表わす。13の条は独立したときの州の数を50の星は現在の州の数を表わす。
国歌 星条旗（The Star Spangled Banner）
国花（樹） バラ　**国鳥** ハクトウワシ
特色 多民族がいて、様々な文化行事や宗教行為が、様々な言語で執り行われている。各州は、あたかも一つの国のように憲法を持っている。

国連加盟	1945年
ユネスコ復帰	2003年
世界遺産条約締約	1973年
世界遺産の数	23

面積 962.8万km²（50州；日本の約25倍）
人口 3億875万人（2010年4月　米国国勢局）
首都 ワシントンD.C.（北緯38度、西経97度）
主要都市 ニュー・ヨーク、ロサンゼルス、サン・ノゼ、ボストン、サン・フランシスコ、シカゴ、サン・ディエゴ、デトロイト、シアトル、アトランタ、コロンバス、ラス・ベガス、ダラス、ホノルル、ヒューストン、ポートランド、ピッツバーグ、フィラデルフィア、セントルイス、マイアミ、ミネアポリス
言語 主として英語
民族 白人　63.8%、ヒスパニック　13.3%、黒人　12.9%、アジア系　4.2%、ネイティブインディアン・アラスカ原住民 1.5%、ネイティブハワイアンなど0.3%、その他4%
宗教 プロテスタント　56%、カトリック　28%、ユダヤ教　2%、その他　4%、無宗教　10%
略史 1776年　　独立宣言
　　　　1783年　　英国が独立を承認
　　　　1787年　　合衆国憲法制定
　　　　1789年　　初代大統領ワシントンの選出・就任
　　　　2017年　　トランプ第45代大統領就任。

周辺諸国 カナダ、メキシコ

気候 国土が広いので様々だが、西部海岸地帯は海洋性気候のために、冬と夏の温度差が少なく内陸部では寒暖の差が激しい。
自然環境
　山脈 ロッキー山脈、アパラチア山脈、カスケード山脈、海岸山脈
　山岳 マッキンリー山（6,194m）
　高原 コロンビア高原
　峡谷 グランド・キャニオン、マーブル峡谷
　河川 ミシシッピ川、コロラド川、コロンビア川、セントローレンス川
　湖 スペリオル湖、ヒューロン湖、ミシガン湖、オリエンタル湖

　国立公園 アーカディア国立公園、アーチーズ国立公園、バッドランズ国立公園、ビスケイン国立公園、ブラックキャニオン国立公園、ブライスキャニオン国立公園、キャニオンランズ国立公園、キャピトルリーフ国立公園、カールズバッド洞窟群国立公園、チャネル諸島国立公園、クレーターレイク国立公園、クヤホガバレー国立公園、デスバレー国立公園、ドライ・トートゥガス国立公園、エバーグレイズ国立公園、グレイシャー国立公園、グランドキャニオン国立公園、グラディトン国立公園、グレートベイスン国立公園、グレートスモーキー山脈国立公園、ガダルーペ山岳国立公園、ハレアカラ国立公園、ハワイ火山国立公園、アイルローヤル国立公園、ヨシュアツリー国立公園、キングスキャニオン国立公園、ラッセンボル

ケニック国立公園、マンモスケーブ国立公園、メサベルデ国立公園、マウントレーニエ国立公園、ノースカスケード国立公園、オリンピック国立公園、化石の森国立公園、レッドウッド国立、および州立公園、ロッキーマウンテン国立公園、サガロ国立公園、セコイア国立公園、シェナンドア国立公園、セオドア・ルーズベルト国立公園、ボエジャーズ国立公園、ウインドケーブ国立公園、イエローストーン国立公園、ヨセミテ国立公園、ザイオン国立公園

自然災害　**太平洋岸**：地震、津波、**大西洋岸・メキシコ湾**：ハリケーン、
　　　　　　中西部・南西部：竜巻、**カリフォルニア**：土石流、**西部**：山火事、
　　　　　　アラスカ：洪水、永久凍土

ラムサール条約登録湿地

Ash Meadows National Wildlife Refuge, Bolinas Lagoon, Cache-Lower White Rivers, Cache River-Cypress Creek Wetlands, Caddo Lake, Catahoula Lake, Chesapeake Bay Estuarine Complex, Cheyenne Bottoms, Connecticut River Estuary & Tidal Wetlands Complex, Delaware Bay Estuary, Edwin B Forsythe National Wildlife Refuge, Everglades National ParkMR, Horicon Marsh, Izembek Lagoon National Wildlife Refuge, Okefenokee National Wildlife Refuge, Pelican Island National Wildlife Refuge, Quivira National Wildlife Refuge, Sand Lake National Wildlife Refuge, Tomales Bay

ユネスコ生物圏保護区（MAB）

Aleutian Islands, Big Bend, Cascade Head, Central Plains, Channel Islands, Coram, Denali, Desert, Everglades & Dry Tortugas, Fraser, Glacier, H.J. Andrews, Hubbard Brook, Jornada, Luquillo, Noatak, Olympic, Organ Pipe Cactus, Rocky Mountain, San Dimas, San Joaquin, Sequoia-Kings Canyon, Stanislaus-Tuolumne, Three Sisters, Virgin Islands, Yellowstone, Beaver Creek, Konza Prairie, Niwot Ridge, University of Michigan Biological Station, Virginia Coast, Hawaiian Islands, Isle Royale, Big Thicket, Guanica, California Coast Ranges, Central Gulf Coast Plain, South Atlantic Coastal Plain, Mojave and Colorado Deserts, Carolinian-South Atlantic, Glacier Bay-Admiralty Is., Golden Gate, New Jersey Pinelands, Southern Appalachian, Champlain-Adirondak, Mammoth Cave Area, Land Between The Lakes

ユネスコ世界遺産　50ページ参照
暫定リスト記載物件　104ページ参照

世界遺産活動に責任を有する国の機関　National Park Service, Office of International Affairs

政体　大統領制、連邦制（50州他）
元首　ドナルド・トランプ（Donald J. Trump）大統領
　　　（2017年1月20日就任、任期4年。憲法により三選は禁止）
議会　二院制　　上院　100議席、任期6年（2年毎に約3分の1ずつ改選）
　　　　　　　　　下院　435議席、任期2年（2年毎に全員改選）
政府　大統領　　ドナルド・トランプ（共和党）
　　　　副大統領　マイク・ペンス
　　　　国務長官　レックス・ティラソン

行政区　50州とワシントンD.C.（コロンビア特別区）　　47ページ参照

アメリカ合衆国の国の概要

国際機構への加盟

AfDB, ANZUS, APEC, ARF (dialogue partner), AsDB, ASEAN (dialogue partner), Australia Group, BIS, CE (observer), CERN (observer), CP, EAPC, EBRD, ECE, ECLAC, ESCAP, FAO, G-5, G-7, G- 8, G-10, IADB, IAEA, IBRD, ICAO, ICC, ICCt (signatory), ICFTU, ICRM, IDA, IEA, IFAD, IFC, IFRCS, IHO, ILO, IMF, IMO, Interpol, IOC, IOM, ISO, ITU, MINURSO, MIPONUH, NAM (guest), NATO, NEA, NSG, OAS, OECD, OPCW, OSCE, PCA, SPC, UN, UN Security Council, UNCTAD, UNHCR, UNIKOM, UNITAR, UNMEE, UNMIBH, UNMIK, UNMISET, UNMOVIC, UNOMIG, UNRWA, UNTSO, UNU, UPU, WCL, WCO, WHO, WIPO, WMO, WTrO, ZC

天然資源 石炭，銅，鉛，モリブデン，リン，ウラン，ボーキサイト，金，鉄鉱石，水銀，ニッケル，硝石，銀，タングステン，亜鉛，石油，天然ガス，木材

主要産業 工業（全般），農業（小麦，トウモロコシ，大豆，木材他），サービス業，金融保険，不動産業

GDP 18兆5,691億ドル（名目 2016年）

一人当たりGDP 57,436ドル（名目 2016年）

生活水準 世界第1位

総貿易額 輸出 1兆4,597億ドル **輸入** 2兆2,096億ドル

主要貿易品目 輸出 航空機、石油製品、自動車、自動車部品、通信機器
　　　　　　　輸入 自動車、原油、通信機器、電子機器、自動車部品

主要貿易相手国・地域 輸出 カナダ、メキシコ、中国、日本、英国
（2016年）　　**輸入** 中国、メキシコ、カナダ、日本、ドイツ

通貨／為替レート アメリカ・ドル（U.S. Dollar）。1.00ドル＝100セント≒111.4円（2017年11月現在）

紙幣 1，2，5，10，20，50，100，500，1000，5000，10000の11種類。
但し流通しているものは1，5，10，20ドル札で、たまに50、100ドル札も見かけるがニセ札でないかと確認されることがある。500ドル以上は流通していない。

硬貨 1セント（通称ペニーPenny）、5セント（ニッケルNickel）、10セント（ダイムDime）、25セント（クォーターQuarter）、50セント（ハーフダラHalf Dollar）、1ドル（ダラーコインDollar Coin）。50セントはあまり流通していない。

歴史的人物 リンカーン、ワシントン、フランクリン

教育制度 義務教育は高校までの12年間。州や学校区によって異なり、多様性に富み、独自にカリキュラムがすすめられている。

大学 ハーバード大学，マサチューセッツ工科大学，エール大学，スタンフォード大学，ペンシルベニア大学，デューク大学，コロンビア大学，ダートマス大学，シカゴ大学，カリフォルニア大学，ミズーリ大学，コーネル大学，プリンストン大学

研究所 JPL（ジェット推進研究所）、NAID（国立アレルギー・感染症研究所）、NCI（国立がん研究所）、NIH（国立衛星研究所）、NOAA（アメリカ海洋大気圏局）、USGS（アメリカ地質調査所）、ウッズホール海洋研究所，宇宙望遠鏡科学研究所、コールド・スプリング・ハーバー研究所，国立大気研究センター、スクリップス海洋研究所、スローン・ケタリングがんセンター、ソーク研究所 , ダナ・ファーバーがん研究所、テキサス大学細胞・分子生物学研究所、フェルミ研究所、プリンストン高等研究所、ロスアラモス国立研究所、ローレンスリバモア国立研究所　など

シンクタンク　Asia Society, The Aspen Institute, Association on Third World Affairs, Inc. (ATWA), The Brookings Institution(BI), Carnegie Council on Ethics and International Affairs(CCEIA), Carnegie Endowment for International Peace(CEIP), The Carter Center, Center for National Policy (CNP), Center for Strategic & International Studies(CSIS), Center of International Studies, Princeton University(CIS), Council on Foreign Relations(CFR), Earth Policy Institute, East Asian Institute(EAI), East-West Center(EWC), EastWest Institute(EWI), The Edwin O. Reischauer Center for East Asian Studies, Johns Hopkins University, The Heritage Foundation, Hoover Institution on War, Revolution and Peace, Hudson Institute, Institute for International Economics(IIE), Institute for Research on Poverty(IPR), Institute for the Future(IFTF), Joan B. Kroc Institute for International Peace Studies, Joint Center for Political and Economic Studies(JCPES), The Mansfield Center for Pacific Affairs(MCPA), The Nelson A. Rockefeller Institute of Government, The Nixon Center, Population Council, Public Policy Institute of California(PPIC), Urban Institute, World Policy Institute(WPI), World Resources Institute(WRI), Worldwatch Institute

博物館　スミソニアン自然史博物館、スミソニアン航空宇宙博物館、ニューヨーク自然史博物館、カーギー自然史博物館、デンバー自然史博物館

美術館　ボストン美術館、メトロポリタン美術館、ニューヨーク近代美術館、シカゴ美術館、ロサンゼルス美術館、サンフランシスコ美術館、ボルティモア美術館、ヒューストン美術館、フォートワース近代美術館、デトロイト美術館、ニューオーリーンズ美術館、フィラデルフィア美術館、ロサンゼルス現代美術館

オペラ・ハウス　メトロポリタン・オペラ、シカゴ・リリック・オペラ、ワシントン・オペラ、サンフランシスコ・オペラ、アトランタ・オペラ、オペラ・コロラド、ピッツバーグ・オペラ、ヒューストン・グランド・オペラ、ロス・シアトルカンパニー、ニューヨーク・シティ・オペラ

オーケストラ　シカゴ交響楽団、ニューヨークフィルハーモニー、ボストン交響楽団、クリーブランド管弦楽団、フィラデルフィア管弦楽団、ピッツバーグ交響楽団、セントルイス交響楽団、ワシントンナショナル交響楽団、ミネソタ管弦楽団、ロサンジェルス・フィルハーモニー、ボルティモア交響楽団、サンフランシスコ交響楽団、ヒューストン交響楽団、デトロイト交響楽団、アトランタ交響楽団、ダラス交響楽団、トロント交響楽団、モントリオール交響楽団

図書館・公文書館　アメリカ議会図書館、アメリカ国立公文書館

国の祝日　1月1日（元日 New Year's Day）、1月第3月曜日（マーチン・ルーサー・キング牧師誕生日 Martin Luther King.Jr. Birthday）、2月第3月曜日（大統領の日 Presidents Day）、3月17日（セント・パトリック・デー St.Patrick Day）、4月第3月曜日（愛国者の日 Patriot's Day）、5月最終月曜日（メモリアル・デイ＜戦没者追悼の日＞Memorial Day, 7月4日（独立記念日 Independence Day）、9月第1月曜日（レイバー・デイ＜労働者の日＞Labor Day）、10月第2月曜日（コロンブス記念日 Columbus Day）、11月1日（ベテランズ・デイ＜退役軍人の日＞ Veterans Day）、11月第4木曜日（感謝祭 Thanksgiving Day）、12月25日（クリスマス Christmas Day）

料理　ハンバーガー、ホットドッグ、ビーフステーキ、クラムチャウダー

特産品　ロブスター、ビーフ・ジャーキー、アーモンド、メイン・クーン、コーンパイプ、ウイスキー、バーボン

日本アメリカ貿易
　貿易額　輸出　約14兆1,429億円（2016年）　　　輸入　　約7兆3,221億円（2016年）
　主要品目　輸出　自動車、事務用機器（コンピュータ含む）、自動車部品、映像機器、
　　　　　　　　　科学光学機器、半導体等電子部品
　　　　　　輸入　半導体等電子部品、事務用機器（コンピュータ含む）、肉類、科学光学機器
在留邦人数　419,610人（2015年10月現在）
在日当該国人数　52,271人（2015年末現在）

日本との姉妹都市提携
　北海道・マサチューセッツ州、青森県・メーン州、宮城県・デラウェア州、
　山形県・コロラド州、栃木県・インディアナ州、埼玉県・オハイオ州、
　千葉県・ウィスコンシン州、東京都・ニューヨーク市、
　神奈川県・メリーランド州、富山県・オレゴン州、福井県・ニュージャージー州、
　長野県・ミズーリ州、滋賀県・ミシガン州、京都府・オクラホマ州、
　大阪府・カリフォルニア州、兵庫県・ワシントン州、広島県・ハワイ州、福岡県・ハワイ州、
　熊本県・モンタナ州、鹿児島県・ジョージア州、沖縄県・ハワイ州

主要メディア　タイム、ウォールストリートジャーナル、フォーブス

インターネット・ドメイン名　.us
国際電話の国番号　1
電話番号（公共）　警察・消防車・救急車：911
日本との時差
　東部標準時（Eastern Time）：日本-14時間、**中部標準時**（Central Time）：日本-15時間、
　山岳部標準時（Mountain Time）：日本-16時間、**大平洋標準時**（Pacific Time）：日本-17時間。
夏時間　4月の第1日曜日から10月の最終土曜日まで。上記よりそれぞれ1時間早くなる。
電圧　120ボルト、　**周波数**　交流60ヘルツ

航空会社　ユナイテッド航空、ノースウエスト航空、コンチネンタル航空、アメリカン航空、
　　　　　　デルタ航空
空港　サンフランシスコ国際空港（SFO）、シカゴ・オヘア国際空港（ORD）、
　　　　ダラス・フォートワース国際空港（DFW）、ニューアーク・リバティ国際空港（EWR）、
　　　　ニューヨーク・ジョン・F・ケネディ国際空港（JFK）、ラガーディア空港（LGA）、
　　　　ラスベガス・マッカラン国際空港（LAS）、ロサンゼルス国際空港（LAX）
港湾　ニューヨーク港、ロサンゼルス港、ヒューストン港、シアトル港、オークランド港、
　　　　ニューオーリンズ港、サバンナ港、タコマ港、チャールストン港、ロングビーチ港
鉄道　アムトラック（AMTRCK）、ユニオンパシフィック、バーリントンノーザンサンタフェ、
　　　　アラスカ鉄道
地下鉄　アトランタ、ボルティモア、ボストン、バッファロー、シカゴ、クリーブランド、
　　　　　クリチーバ、ダラス、デンバー、デトロイト、ジャクソンヴィル、ラス・ベガス、
　　　　　ロサンゼルス、マイアミ、ミネアポリス－セント・ポール、ニューヨーク、
　　　　　ニューアーク、フィラデルフィア、ピッツバーグ、ポートランド、サクラメント、
　　　　　セント・ルイス、ソルト・レイク・シティ、サン・ジエゴ、サンフランシスコ、
　　　　　サン・ホセ（サンタ・クララ）、シアトル、ワシントン

査証（ビザ）　すべての渡航者は、事前に電子渡航認証システム　ESTA（Electronic System for
　　　　　　　Travel Authorization)により、電子渡航認証の取得が必要

アメリカ合衆国の州

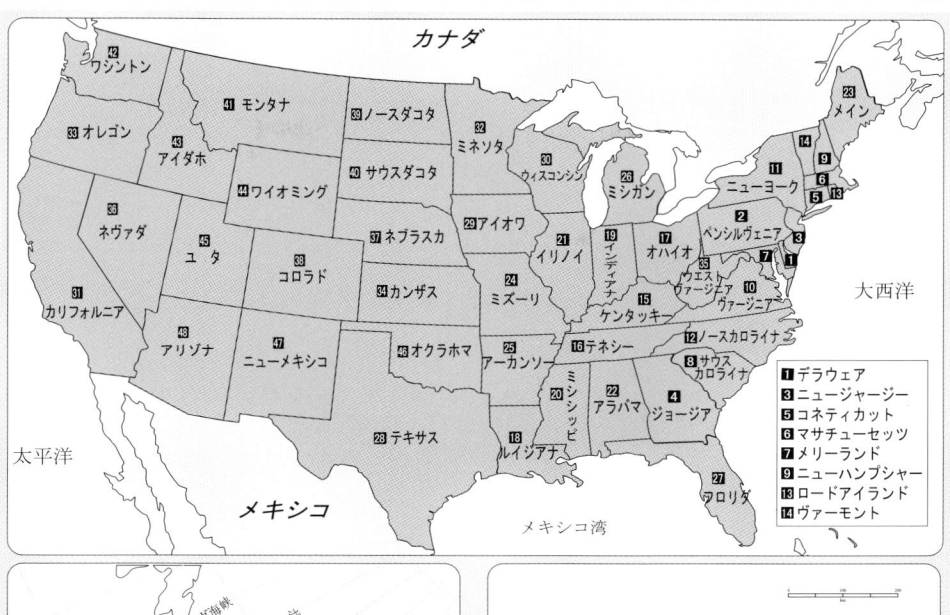

凡例：
1 デラウェア
3 ニュージャージー
5 コネティカット
6 マサチューセッツ
7 メリーランド
9 ニューハンプシャー
13 ロードアイランド
14 ヴァーモント

地図ラベル：42 ワシントン / 41 モンタナ / 39 ノースダコタ / 32 ミネソタ / 23 メイン / 33 オレゴン / 43 アイダホ / 44 ワイオミング / 40 サウスダコタ / 30 ウィスコンシン / 26 ミシガン / 11 ニューヨーク / 14 / 6 / 5 / 13 / 36 ネヴァダ / 45 ユタ / 38 コロラド / 37 ネブラスカ / 29 アイオワ / 21 イリノイ / 19 インディアナ / 17 オハイオ / 2 ペンシルヴェニア / 3 / 7 / 1 / 31 カリフォルニア / 34 カンザス / 24 ミズーリ / 35 ウェストヴァージニア / 10 ヴァージニア / 大西洋 / 48 アリゾナ / 47 ニューメキシコ / 46 オクラホマ / 25 アーカンソー / 16 テネシー / 15 ケンタッキー / 12 ノースカロライナ / 8 サウスカロライナ / 28 テキサス / 20 ミシシッピ / 22 アラバマ / 4 ジョージア / 18 ルイジアナ / 27 フロリダ / カナダ / メキシコ / 太平洋 / メキシコ湾

ベーリング海 / ベーリング海峡 / ボーフォート海峡 / 49 アラスカ / アンカレジ / カナダ

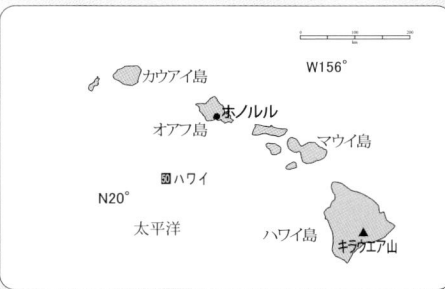

W156° / カウアイ島 / オアフ島 / ホノルル / マウイ島 / 50 ハワイ / N20° / 太平洋 / ハワイ島 / キラウエア山

アメリカ合衆国の国の概要

州 名（州都）

1	デラウェア州（ドーバー）
2	ペンシルベニア州（ハリスバーグ）
3	ニュージャージー州（トレントン）
4	ジョージア州（アトランタ）
5	コネティカット州（ハートフォード）
6	マサチューセッツ州（ボストン）
7	メリーランド州（アナポリス）
8	サウスカロライナ州（コロンビア）
9	ニューハンプシャー州（コンコード）
10	ヴァージニア州（リッチモンド）
11	ニューヨーク州（オルバニー）
12	ノースカロライナ州（ローリー）
13	ロードアイランド州（プロビデンス）
14	ヴァーモント州（モントピリア）
15	ケンタッキー州（フランクフォート）
16	テネシー州（ナッシュビル）
17	オハイオ州（コロンバス）
18	ルイジアナ州（バトンルージュ）
19	インディアナ州（インディアナポリス）
20	ミシシッピ州（ジャクソン）
21	イリノイ州（スプリングフィールド）
22	アラバマ州（モンゴメリー）
23	メイン州（オーガスタ）
24	ミズーリ州（ジェファーソンシティ）
25	アーカンソー州（リトルロック）
26	ミシガン州（ランシング）
27	フロリダ州（タラハシー）
28	テキサス州（オースティン）
29	アイオワ州（デモイン）
30	ウィスコンシン州（マディソン）
31	カリフォルニア州（サクラメント）
32	ミネソタ州（セントポール）
33	オレゴン州（セイラム）
34	カンザス州（トピカ）
35	ウェストヴァージニア州（チャールストン）
36	ネヴァダ州（カーソンシティ）
37	ネブラスカ州（リンカーン）
38	コロラド州（デンバー）
39	ノースダコタ州（ビスマーク）
40	サウスダコタ州（ピア）
41	モンタナ州（ヘレナ）
42	ワシントン州（オリンピア）
43	アイダホ州（ボイシ）
44	ワイオミング州（シャイアン）
45	ユタ州（ソルトレイクシティ）
46	オクラホマ州（オクラホマシティ）
47	ニューメキシコ州（サンタフェ）
48	アリゾナ州（フェニックス）
49	アラスカ州（ジュノー）
50	ハワイ州（ホノルル）

アメリカ合衆国（米国）の国旗について

古田守里 （Mr. FURUTA Shuri）
＜国旗検定1級取得者・8歳＞

　赤と白の横しまは全部で13本あり、1777年に英国から独立した時の州の数を表しています。左上の星の数は50あり、これは今の州の数です。星は州が増えるたびに変わっており、星条旗と呼ばれています。これまで世界最多の26回変更していて、27代目の今の旗は、ハワイが州に加わった1960年7月4日にできました。

　旗を最初につくったのは、アメリカの初代大統領ジョージ・ワシントンです。独立をした時「アメリカらしい旗」を作ろうと、フィラデルフィアの家具屋のベッツィー・ロスを訪ねて相談しました。ベッツィーは旗を作るのは初めてでしたが、裁縫は得意なので「やってみる」ということになりました。ワシントンたちは六角星のアイデアを持って行きましたが、ベッツィーが五角星の方がきれいだと言い、いとも簡単に五角星をハサミで切り取ってみせたそうです。

　色にも意味があります。青は「正義」や「忍耐」、赤は「勇気」や「耐久力」、白は「純粋さ」を表しています。当初は星の数と一緒に、横しまの数も増やしていましたが、しまの数が増えるにつれて遠目からはピンクに見えることから初めの13本に直しました。ちなみにペリーが日本の浦賀に来た1853年は、カリフォルニアが州になったばかりで州の数は31個。日本人が初めてみたアメリカの国旗は、星が31個のものだったようです。

アメリカ合衆国の世界遺産　概要

Yosemite National Park（ヨセミテ国立公園）
第8回世界遺産委員会ブエノスアイレス会議　1984年11月登録
自然遺産　登録基準(vii)(viii)

アメリカ合衆国の世界遺産

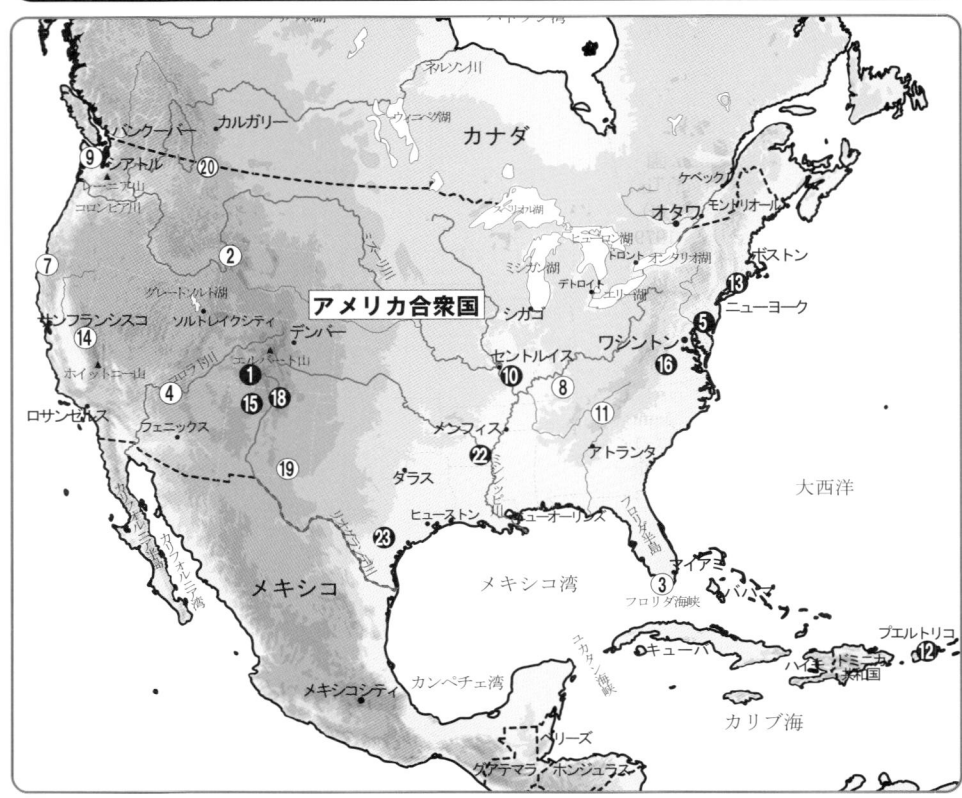

アメリカ合衆国の世界遺産　概要

❶メサ・ヴェルデ国立公園 （Mesa Verde National Park）
　文化遺産（登録基準(iii)）　1978年　コロラド州
②イエローストーン国立公園 （Yellowstone National Park）
　自然遺産（登録基準(vii)(viii)(ix)(x)）　1978年
　ワイオミング州、モンタナ州、アイダホ州
③エバーグレーズ国立公園 （Everglades National Park）
　自然遺産（登録基準(viii)(ix)(x)）　1979年
　★【危機遺産】2010年　フロリダ州フロリダ
④グランド・キャニオン国立公園 （Grand Canyon National Park）
　自然遺産（登録基準(vii)(viii)(ix)(x)）　1979年　アリゾナ州
❺独立記念館 （Independence Hall）
　文化遺産（登録基準(vi)）　1979年　ペンシルベニア州フィラデルフィア
⑥クルエーン／ランゲル－セントエライアス／グレーシャーベイ／タッシェンシニ・アルセク
　（Kluane / Wrangell-StElias / GlacierBay / Tatshenshini-Alsek）
　自然遺産（登録基準(vii)(viii)(ix)(x)）　1979年／1992年／1994年
　アラスカ州　アメリカ合衆国／カナダ
⑦レッドウッド国立州立公園 （Redwood National and State Parks）
　自然遺産（登録基準(vii)(ix)）　1980年　カリフォルニア州
⑧マンモスケーブ国立公園 （Mammoth Cave National Park）
　自然遺産（登録基準(vii)(viii)(x)）　1981年　ケンタッキー州
⑨オリンピック国立公園 （Olympic National Park）
　自然遺産（登録基準(vii)(ix)）　1981年　ワシントン州
❿カホキア土塁州立史跡 （Cahokia Mounds State Historic Site）
　文化遺産（登録基準(iii)(iv)）　1982年　イリノイ州
⓫グレート・スモーキー山脈国立公園 （Great Smoky Mountains National Park）
　自然遺産（登録基準(vii)(viii)(ix)(x)）　1983年
　テネシー州、ノースカロライナ州
⓬プエルト・リコのラ・フォルタレサとサン・ファンの国立歴史地区
　（La Fortaleza and San Juan National Historic Site in Puerto Rico）
　文化遺産（登録基準(vi)）　1983年　プエルト・リコ准州
⓭自由の女神像 （Statue of Liberty）
　文化遺産（登録基準(i)(vi)）　1984年　ニューヨーク州
⑭ヨセミテ国立公園 （Yosemite National Park）
　自然遺産（登録基準(vii)(viii)）　1984年　カリフォルニア州
⓯チャコ文化 （Chaco Culture）
　文化遺産（登録基準(iii)）　1987年　ニューメキシコ州
⓰シャーロッツビルのモンティセロとヴァージニア大学
　（Monticello and the University of Virginia in Charlottesville）
　文化遺産（登録基準(i)(iv)(vi)）　1987年　ヴァージニア州
⑰ハワイ火山群国立公園 （Hawaii Volcanoes National Park）
　自然遺産（登録基準(viii)）　1987年　ハワイ州
⑱タオス・プエブロ （Taos Pueblo）
　文化遺産（登録基準(iv)）　1992年　ニューメキシコ州
⑲カールスバッド洞窟群国立公園 （Carlsbad Caverns National Park）
　自然遺産（登録基準(vii)(viii)）　1995年　ニューメキシコ州
⑳ウォータートン・グレーシャー国際平和公園 （Waterton Glacier International Peace Park）
　自然遺産（登録基準(vii)(ix)）　1995年　モンタナ州　アメリカ合衆国／カナダ
㉑パパハナウモクアケア （Papahanaumokuakea）
　複合遺産（登録基準(iii)(vi)(viii)(ix)(x)）　2010年　ハワイ州
㉒ポヴァティ・ポイントの記念碑的な土塁群 （Monumental Earthworks of Poverty Point）
　文化遺産（登録基準(iii)）　2014年　ルイジアナ州ウェストキャロル
㉓サン・アントニオ・ミッションズ （San Antonio Missions）
　文化遺産（登録基準(ii)）　2015年　テキサス州

アメリカ合衆国の世界遺産　概要

アメリカ合衆国の世界遺産　登録基準

物　件　名	登録年	登録基準									
		(i)	(ii)	(iii)	(iv)	(v)	(vi)	(vii)	(viii)	(ix)	(x)
❶ メサ・ヴェルデ国立公園	1978年			●							
② イエローストーン国立公園	1978年							○	○	○	○
③ エバーグレーズ国立公園	1979年							○	○	○	○
④ グランド・キャニオン国立公園	1979年							○	○	○	○
❺ 独立記念館	1979年						●				
⑥ クルエーン／ランゲル－セントエライアス／グレーシャーベイ／タッシェンシニ・アルセク	1979年 1992年 1994年							○	○	○	○
⑦ レッドウッド国立州立公園	1980年							○		○	
⑧ マンモスケーブ国立公園	1981年							○	○		○
⑨ オリンピック国立公園	1981年							○		○	
❿ カホキア土塁州立史跡	1982年 2016年			●	●						
⑪ グレート・スモーキー山脈国立公園	1983年							○	○	○	○
⑫ プエルト・リコのラ・フォルタレサとサン・ファンの国立歴史地区	1983年 2016年						●				
⓭ 自由の女神像	1984年	●					●				
⑭ ヨセミテ国立公園	1984年							○	○		
⓯ チャコ文化	1987年			●							
⓰ シャーロッツビルのモンティセロとヴァージニア大学	1987年 2016年	●			●		●				
⑰ ハワイ火山群国立公園	1987年								○		
⓲ タオス・プエブロ	1992年				●						
⑲ カールスバッド洞窟群国立公園	1995年							○	○		
⑳ ウォータートン・グレーシャー国際平和公園	1995年							○		○	
㉑ パパハナウモクアケア	2010年			●			●		○	○	○
㉒ ポヴァティ・ポイントの記念碑的な土塁群	2014年			●							
㉓ サン・アントニオ・ミッションズ	2015年		●								

2018年1月現在

シンクタンクせとうち総合研究機構

アメリカ合衆国の世界遺産　登録の推移

回（年）	件数
第1回（1977年）	0
第2回（1978年）	2
第3回（1979年）	4
第4回（1980年）	1
第5回（1981年）	2
第6回（1982年）	1
第7回（1983年）	2
第8回（1984年）	2
第9回（1985年）	0
第10回（1986年）	0
第11回（1987年）	3
第12回（1988年）	0
第13回（1989年）	0
第14回（1990年）	0
第15回（1991年）	0
第16回（1992年）	1
第17回（1993年）	0
第18回（1994年）	0
第19回（1995年）	2
第20回（1996年）	0
第21回（1997年）	0
第22回（1998年）	0
第23回（1999年）	0
第24回（2000年）	0
第25回（2001年）	0
第26回（2002年）	0
第27回（2003年）	0
第28回（2004年）	0
第29回（2005年）	0
第30回（2006年）	0
第31回（2007年）	0
第32回（2008年）	0
第33回（2009年）	0
第34回（2010年）	1
第35回（2011年）	0
第36回（2012年）	0
第37回（2013年）	0
第38回（2014年）	1
第39回（2015年）	1
第40回（2016年）	0
第41回（2017年）	0
累計	23

第2回世界遺産委員会　ワシントン会議

第16回世界遺産委員会　サンタ・フェ会議

アメリカ合衆国の世界遺産　概要

世界遺産　キーワード

- Area of nominated property　登録範囲
- Authenticity　真正性、或は、真実性
- Boundaries　境界線（コア・ゾーンとバッファー・ゾーンとの）
- Buffer Zone　バッファー・ゾーン（緩衝地帯）
- Community　地域社会
- Comparative Analysis　比較分析
- Components　構成資産
- Comparison with other similar properties　他の類似物件との比較
- Conservation and Management　保護管理
- Core Zone　コア・ゾーン（核心地域）
- Criteria for Inscription　登録基準
- Cultural and Natural Heritage　複合遺産
- Cultural Heritage　文化遺産
- Cultural Landscapes　文化的景観
- ICCROM　文化財保存及び修復の研究のための国際センター（通称　ローマセンター）
- ICOMOS　国際記念物遺跡会議
- Integrity　完全性
- International Cooperation　国際協力
- IUCN　国際自然保護連合
- Juridical Data　法的データ
- Minor modifications to the boundaries　登録範囲の軽微な変更
- Monitoring　モニタリング（監視）
- Natural and Cultural Landscape　複合景観（自然・文化景観）
- Natural Heritage　自然遺産
- Periodic Reporting　定期報告
- Preserving and Utilizing　保全と活用
- Protected Areas　保護地域
- Reinforced Monitoring Mechanism　監視強化メカニズム
- Serial nomination　シリアル・ノミネーション（連続性のある）
- Significant modifications to the boundaries　登録範囲の重大な変更
- State of Conservation　保護状況
- Transboundary nomination　トランスバウンダリー・ノミネーション（国境をまたぐ）
- World Heritage　世界遺産
- World Heritage Committee　世界遺産委員会
- World Heritage Fund　世界遺産基金
- World Heritage in Danger　危機にさらされている世界遺産

アメリカ合衆国の世界遺産（登録順）

Yellowstone National Park（イエローストーン国立公園）
第2回世界遺産委員会ワシントン会議　1978年9月登録
自然遺産　登録基準(vii)(vii)(ix)(x)

メサ・ヴェルデ国立公園

登録遺産名		Mesa Verde National Park
遺産種別		**文化遺産**
登録基準	(iii)	現存する、または、消滅した文化的伝統、または、文明の、唯一の、または、少なくとも稀な証拠となるもの。
登録年月		1978年9月（第2回世界遺産委員会ワシントン会議）
登録遺産の面積		21,043ha

登録物件の概要 メサ・ヴェルデは、コロラド州の南西端にある1906年に国立公園になったアメリカ先住民の集落遺跡。およそ2000年ほど前からバスケットメーカーと呼ばれる農耕民が岩陰に住み始めた。5～8世紀になると丸太で組んで泥を塗る住居をつくり、弓矢を用いるようになった。8～12世紀にかけてメサ台地上に弓状に家の連なる村をつくり、その近くにトウモロコシなどの畑をつくった。12世紀に入ると、外敵に備えて崖の大きな岩陰を利用して岩窟住居と呼ばれる石造の集落を作った。「メサ・ヴェルデ」は、スペイン語で「緑豊かな大地」という意味。先住民は切石を積上げた住居に住み、高度な文明をもち、農耕定住生活を営んでいた。クリフ・パレスは園内で最も大きな遺跡で、200室以上の部屋、壁は高いところで4階建ての高さがあり、当時の豪華なマンションのような住居。14世紀初頭には村は放棄され、1874年に白人に発見されるまで廃虚となっていた。アメリカの国立公園のなかでは唯一の先住民族の遺跡の歴史公園。東西7km、南北4kmに散在する遺跡群を含む21000haの公園に管理事務所、博物館、キャンプ場などが完備している。

分類	遺跡
年代区分	600～1300年
物件所在地	コロラド州
保護	メサ・ヴェルデ国立公園（1906年6月29日指定）
	Wildness（1976年10月20日指定）
管理	PO Box 8 Mesa Verde, CO 81330-0008
	℡ 970-529-4465　Visitor Information　Fax 970-529-4465
	Email: meve_general_information@nps.gov
活用	観光、教育、イベント、博物館
見所	●クリフ・パレス
博物館	チャピン・メサ考古学博物館（Chapin Mesa Archelogical Museum）
	℡970-529-4631
ゆかりの民族	インディアン
備考	2016年は、メサ・ヴェルデ国立公園誕生110周年
参考URL	ユネスコ世界遺産センター　**http://whc.unesco.org/en/list/27**

アメリカ合衆国の世界遺産

メサ・ヴェルデ国立公園

北緯37度15分42秒　西経108度29分8秒

交通アクセス　●フェニックス或は、デンバーから飛行機でデュランゴまで。
　　　　　　　●デュランゴから車で約1時間。

アメリカ合衆国の世界遺産

イエローストーン国立公園

登録遺産名　　Yellowstone National Park

遺産種別　　　**自然遺産**

登録基準　　(vii) もっともすばらしい自然的現象、または、ひときわすぐれた自然美をもつ地域、及び、美的な重要性を含むもの。

(viii) 地球の歴史上の主要な段階を示す顕著な見本であるもの。これには、生物の記録、地形の発達における重要な地学的進行過程、或は、重要な地形的、または、自然地理的特性などが含まれる。

(ix) 陸上、淡水、沿岸、及び、海洋生態系と動植物群集の進化と発達において、進行しつつある重要な生態学的、生物学的プロセスを示す顕著な見本であるもの。

(x) 生物多様性の本来的保全にとって、もっとも重要かつ意義深い自然生息地を含んでいるもの。これには、科学上、または、保全上の観点から、すぐれて普遍的価値をもつ絶滅の恐れのある種が存在するものを含む。

登録年月　　　1978年9月　（第2回世界遺産委員会ワシントン会議）

登録遺産の面積　898,349ha

（ワイオミング州　824,263ha、モンタナ州　61,144ha、アイダホ州　12,743ha）

登録物件の概要　イエローストーン国立公園は、ワイオミング州北西部を中心に、一部はモンタナ州とアイダホ州にまたがる世界最初の国立公園で、1872年に指定された。イエローストーン国立公園は、ロッキー山脈の中央にある火山性の高原地帯で、80%が森林、15%が草原、5%が湖や川。1万近い温泉、約200の間欠泉、噴気孔の熱水現象などが3000m級の氷河を頂く山々、壮大な渓谷、大小の滝、クリスタルな湖と共に多彩な自然を織りなす。アメリカ・バイソン、バッファロー、エルク（大鹿）、ムース（ヘラ鹿）、狼、グリズリー（ハイイログマ）などの野生動物、200種以上の野鳥なども豊富だが、グリズリーなど絶滅に瀕した動物も多く1976年にはユネスコMAB生物圏に指定されている。1995年には周辺の鉱山開発の影響によるイエローストーン川の環境汚染のおそれから1995年に危機にさらされている世界遺産に登録されたが、その後諸問題が解決した為、2003年に解除された。

分類　　　　　自然景観、地形・地質、生態系、生物多様性
生物地理地区　Rocky Mountains
IUCNのカテゴリー　II（National Park）
生物圏保護区　1976年10月26日
動物　　　　　アメリカ・バイソン、バッファロー、エルク、ムース、狼、グリズリーなど。
物件所在地　　ワイオミング州、モンタナ州、アイダホ州
所有　　　　　7.7haを除いては連邦政府
保護　　　　　●イエローストーン国立公園（1872年3月1日）
　　　　　　　●イエローストーン生物圏保護区（1976年）
管理　　　　　PO Box 168, Yellowstone National Park, Wyoming 82190 -0168　℡307-344-7381
活用　　　　　野生生物の観察、ハイキング、キャンプ、乗馬、ネイチャー・ウォーク
課題　　　　　水質汚染、観光公害

参考URL　　　ユネスコ世界遺産センター　　**http://whc.unesco.org/en/list/28**

イエローストーン　イエローストーン川の大峡谷と308フット・ロア・フォールズ

北緯44度27分38秒　　西経110度49分40秒　　高度1,710m～3,463m

交通アクセス　　●ソルトレイクシティから飛行機で1時間30分。

エバーグレーズ国立公園

登録遺産名	**Everglades National Park**
遺産種別	自然遺産

登録基準　(viii) 地球の歴史上の主要な段階を示す顕著な見本であるもの。これには、生物の記録、地形の発達における重要な地学的進行過程、或は、重要な地形的、または、自然地理的特性などが含まれる。

　　　　　(ix) 陸上、淡水、沿岸、及び、海洋生態系と動植物群集の進化と発達において、進行しつつある重要な生態学的、生物学的プロセスを示す顕著な見本であるもの。

　　　　　(x) 生物多様性の本来的保全にとって、もっとも重要かつ意義深い自然生息地を含んでいるもの。これには、科学上、または、保全上の観点から、すぐれて普遍的価値をもつ絶滅の恐れのある種が存在するものを含む。

登録年月　　1979年10月（第3回世界遺産委員会ルクソール会議）
　　　　　　1993年12月（第17回世界遺産委員会カルタヘナ会議）★【危機遺産】
　　　　　　2007年 7月（第31回世界遺産委員会クライスト・チャーチ会議）【危機遺産解除】
　　　　　　2010年 7月（第34回世界遺産委員会ブラジリア会議）★【危機遺産】

登録遺産の面積　567,017ha

登録物件の概要　エバーグレーズ国立公園は、フロリダ半島の南部、オキチョビ湖の南方に広がり、1976年にユネスコMAB生物圏保護区（585867ha）、1987年にラムサール条約の登録湿地（566788ha）にも指定されている大湿原地帯。ソウグラス（ススキの一種）が一帯に広がる熱帯・亜熱帯性の動植物の宝庫で、サギやフラミンゴの生息地やマングローブの大樹林帯もある。野鳥、水鳥、水生植物が豊富な北部の幅80kmもあるシャークバレー大湿原には、ハクトウワシ、ベニヘラサギ、アメリカマナティ、フロリダピューマ、フロリダパンサー、ミシシッピワニなども生息している。1992年8月24日のハリケーンで大きな被害を被った。人口増や農業開発による水質汚染が深刻化、生態系の回復が望まれている。1993年に「危機にさらされている世界遺産」に登録されたが、保護管理状況が改善されたため、2007年危機遺産リストから解除された。しかしながら、水界生態系の劣化が継続、富栄養化などによって、海洋の生息地や種が減少するなど事態が深刻化している為、2010年の第34回世界遺産委員会ブラジリア会議で、再度、危機遺産リストに登録された。

分類	地形・地質、生態系、生物多様性
生物地理地区	Everglades
IUCNの管理カテゴリー	II （National Park）
物件所在地	アメリカ合衆国／フロリダ州マイアミ・デイド郡、モンロー郡、コリアー郡
保護	●エバーグレーズ国立公園（1947年指定）
	●エバーグレーズ・ドライトートゥガス生物圏保護区（1976年指定）
管理	●アメリカ合衆国国立公園局（NPS）
利活用	●エコ・ツーリズム

危機遺産に登録された理由
　　　　　　水界生態系の劣化、富栄養化などによる海洋の生息地や種の減少

世界遺産を取り巻く脅威や危険
　　　　　　●ハリケーン　●人口増加　●農業開発　●水銀や肥料等による水質汚染
　　　　　　●火災　●干ばつ　●外来種の侵入

参考URL　　ユネスコ世界遺産センター　　**http://whc.unesco.org/en/list/76**

エバーグレーズ国立公園

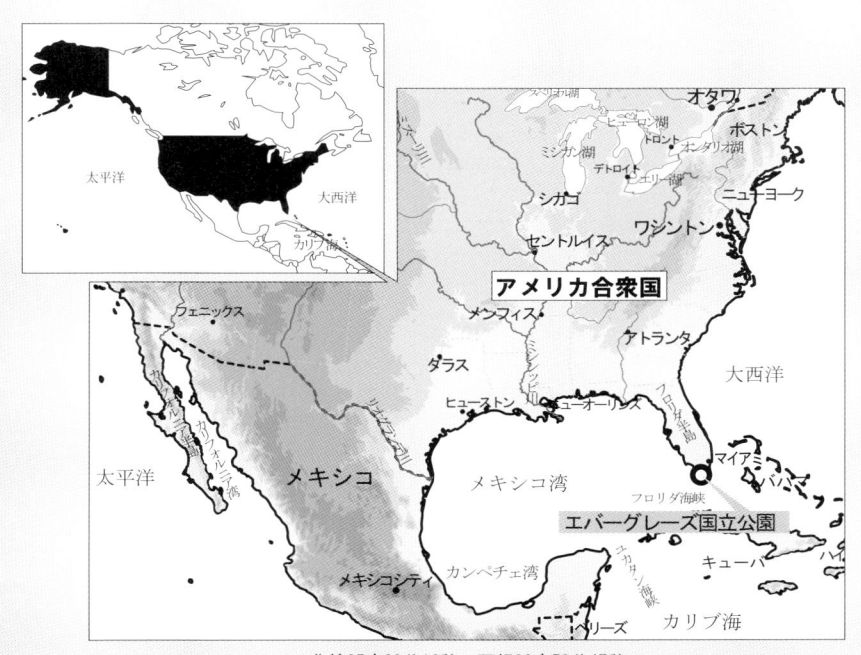

北緯25度33分16秒　西経80度59分47秒

交通アクセス　●マイアミから車で約1時間。

グランド・キャニオン国立公園

登録遺産名	Grand Canyon National Park
遺産種別	自然遺産

登録基準　(vii) もっともすばらしい自然的現象、または、ひときわすぐれた自然美をもつ地域、及び、美的な重要性を含むもの。
(viii) 地球の歴史上の主要な段階を示す顕著な見本であるもの。これには、生物の記録、地形の発達における重要な地学的進行過程、或は、重要な地形的、または、自然地理的特性などが含まれる。
(ix) 陸上、淡水、沿岸、及び、海洋生態系と動植物群集の進化と発達において、進行しつつある重要な生態学的、生物学的プロセスを示す顕著な見本であるもの。
(x) 生物多様性の本来的保全にとって、もっとも重要かつ意義深い自然生息地を含んでいるもの。これには、科学上、または、保全上の観点から、すぐれて普遍的価値をもつ絶滅の恐れのある種が存在するものを含む。

登録年月　　　1979年10月 （第3回世界遺産委員会ルクソール会議）

登録遺産の面積　493,270ha

登録物件の概要　グランド・キャニオン国立公園は、アリゾナ州北西部のココニノ郡とモハーヴェ郡にまたがる。コロラド川がコロラド高原の一部であるカイバブ高原とココニノ高原を浸食して形成したマーブル峡谷からグランド・ウオッシュ崖までの長さ450km、最大幅30km、深さ1500mの壮大な大峡谷。世界遺産の登録面積は493,077haである。全体的には赤茶けて見えるが日の出と日の入りの景色は荘厳で美しい。断崖絶壁の谷底を流れるコロラド川の両岸の約1億年前に隆起した地層は最古層で20億年前の先カンブリア紀、表層部で2.5億年前の二畳紀のものといわれ、貝類の化石から太古に海底であったことがわかる。紀元前500年頃から農耕を営んでいた先住民族の居住跡も見られる。イヌワシ、オオタカ、ハヤブサの雄姿が印象的。グランド・キャニオンは、1540年にスペインのカルデナス隊が発見した。また、グランド・キャニオンは、アメリカの大自然の象徴であり、世界七不思議の一つとしても有名である。

分類	自然景観、地形・地質、生態系、生物多様性
生物地理地区	Rocky Mountains
IUCNのカテゴリー	II （National Park）

物件所在地	アリゾナ州
	Grand Canyon National Park, PO Box 129, Grand Canyon, Arizona 86023
所有	連邦政府所有　491,470ha、私有地　1,795ha
保護	グランド・キャニオン国立公園 （1919年2月26日）
管理	National Park Service
活用	ハイキング、乗馬、バス・ツアー
脅威	環境汚染、コロラド川の水量の減少

参考URL	ユネスコ世界遺産センター	**http://whc.unesco.org/en/list/75**

グランド・キャニオン国立公園

北緯36度6分3秒　西経112度5分26秒　高度 518m〜2793m

交通アクセス　●ロサンゼルスからラスヴェガスまで飛行機で約1時間。
　　　　　　　●ラスヴェガスから車で約5時間。多くのツアーあり。

独立記念館

登録遺産名	Independence Hall
遺産種別	**文化遺産**
登録基準　(vi)	顕著な普遍的な意義を有する出来事、現存する伝統、思想、信仰、または、芸術的、文学的作品と、直接に、または、明白に関連するもの。
登録年月	1979年10月（第3回世界遺産委員会ルクソール会議）
登録遺産の面積	2ha

登録遺産の概要　独立記念館は、ペンシルベニア州東部のフィラデルフィア市にあるアメリカ合衆国誕生の地。1776年7月4日に、13の植民地の代表者が集い、トーマス・ジェファーソン（1743〜1826年）らが起草した「独立宣言」に署名し、英国に対して独立を宣言した。このアメリカ独立宣言は、アメリカ独立と政府樹立の意義を、人間の自由と平等や社会契約説、圧政に対する反抗が正当であることを主張したもので、近代民主政治の基本原理となった。独立宣言が行われた場所が、赤レンガ造りのこの建物の広間で、これ以来「独立記念館」と呼ばれるようになった。また、1787年にアメリカ合州国の憲法が制定されたのも独立記念館であった。独立記念館は、典型的なアメリカのコロニアル様式の建物で、1749年にペンシルベニアの議事堂として建設されたものである。独立記念館の周辺には、首都であった当時の国会議事堂やリバティ・ベル（自由の鐘）がある。独立記念館は、独立記念館国立歴史公園に指定されている。

分類	モニュメント
年代区分	18世紀〜
物件所在地	ペンシルベニア州フィラデルフィア市
保護	インデペンデンス国立歴史公園（Independence National Historical Park）
活用	教育、観光
見所	●独立記念館
	●リバティ・ベル
博物館	●独立記念館博物館（Independence Hall Museum）
	●リバティ・ベル・センター博物館（Liberty Bell Center Museum）
ビジターセンター	The Independence Visitor Center
	One North Independence Mall West、6th & Market Streets
	Philadelphia, PA 　　℡800-537-7676
ゆかりの人物	トーマス・ジェファーソン（1743〜1826年）
参考URL	ユネスコ世界遺産センター　　**http://whc.unesco.org/en/list/78**

独立記念館

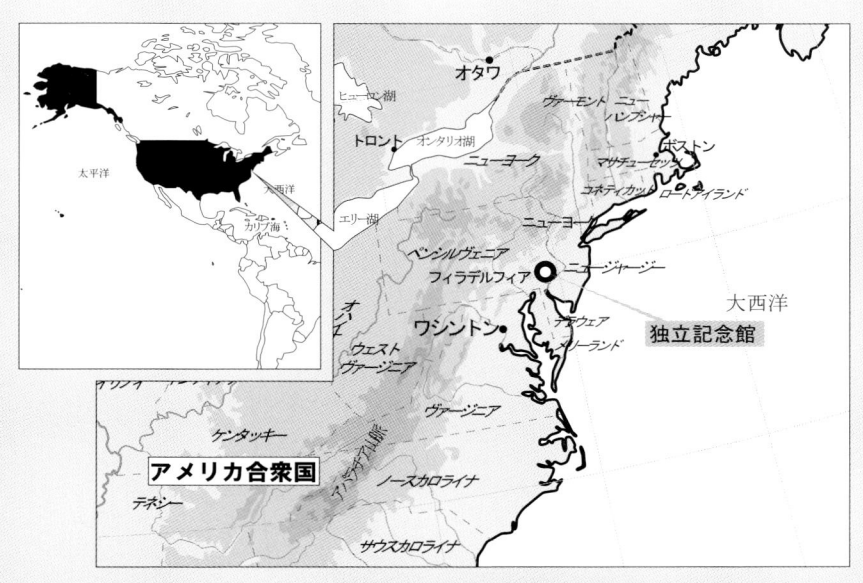

北緯39度56分55秒　西経75度9分

交通アクセス　●フィラデルフィア国際空港から車。
　　　　　　　●ニューヨークから車で2時間、或は、ワシントンD.C.から車で3時間。

シンクタンクせとうち総合研究機構

65

クルエーン／ランゲルーセントエライアス／グレーシャーベイ／タッシェンシニ・アルセク

登録遺産名		Kluane/Wrangell-St. Elias/ Glacier Bay /Tatshenshini-Alsek
遺産種別		自然遺産
登録基準	(vii)	もっともすばらしい自然的現象、または、ひときわすぐれた自然美をもつ地域、及び、美的な重要性を含むもの。
	(viii)	地球の歴史上の主要な段階を示す顕著な見本であるもの。これには、生物の記録、地形の発達における重要な地学的進行過程、或は、重要な地形的、または、自然地理的特性などが含まれる。
	(ix)	陸上、淡水、沿岸、及び、海洋生態系と動植物群集の進化と発達において、進行しつつある重要な生態学的、生物学的プロセスを示す顕著な見本であるもの。
	(x)	生物多様性の本来的保全にとって、もっとも重要かつ意義深い自然生息地を含んでいるもの。これには、科学上、または、保全上の観点から、すぐれて普遍的価値をもつ絶滅の恐れのある種が存在するものを含む。

登録年月　　　　　1979年10月　（第3回世界遺産委員会ルクソール会議）
　　　　　　　　　1992年12月　（第16回世界遺産委員会サンタ・フェ会議）登録範囲の延長
　　　　　　　　　1994年12月　（第18回世界遺産委員会プーケット会議）登録範囲の延長

登録遺産の面積　9,839,121ha
　　　　　　　　　クルエーン国立公園　2,201,568ha
　　　　　　　　　ランゲルーセントエライアス国立公園　3,382,014ha
　　　　　　　　　ランゲルーセントエライアス保護区　1,962,115ha
　　　　　　　　　タッシェンシニ・アルセク・ウィルダーネス　958,000ha
　　　　　　　　　グレーシャーベイ国立公園　1,312,424ha
　　　　　　　　　グレーシャーベイ保護区　23,068ha

登録物件の概要　カナダのユーコン準州、合衆国のアラスカ州にまたがる山岳公園。クルエーン山脈地帯から動き出した世界最大級の氷河がアラスカ湾に崩れ落ちる雄大で美しい自然が特徴。北アメリカの屋根といわれるこれらの山々は、未開のツンドラと森林、他に類を見ない氷河と氷霜、1000以上の湖沼と激しい流れの河川を抱え、氷河期に形成された景観を今に残す。ヒグマ、コヨーテ、ハイイログマ、トナカイ、ヘラジカなどの動物や珍しい植物の宝庫。

分類	自然景観、地形・地質、生態系、生物多様性
生物地理地区	Yukon Taiga, Sitkan
IUCNのカテゴリー	II（National Park）
物件所在国	カナダ（Canada）／アメリカ合衆国（United States of America）
物件所在地	カナダ　ユーコン準州、ブリティッシュ・コロンビア州
	アメリカ合衆国　アラスカ州
保護管理	カナダ公園局
	クルエーン国立公園、ランゲルーセントエライアス国立公園
	グレーシャーベイ国立公園、タッシェンシニ・アルセク州立野生公園
	U.S.国立公園サービス
	グレーシャーベイ国立公園・保護区
活用	カヤック、ハイキング、キャンプ、スキー、釣り、観光
脅威	違法の商業漁業
参考URL	ユネスコ世界遺産センター　　**http://whc.unesco.org/en/list/72**

ランゲルーセントエライアス

グレーシャー・ベイのマルガリー氷河

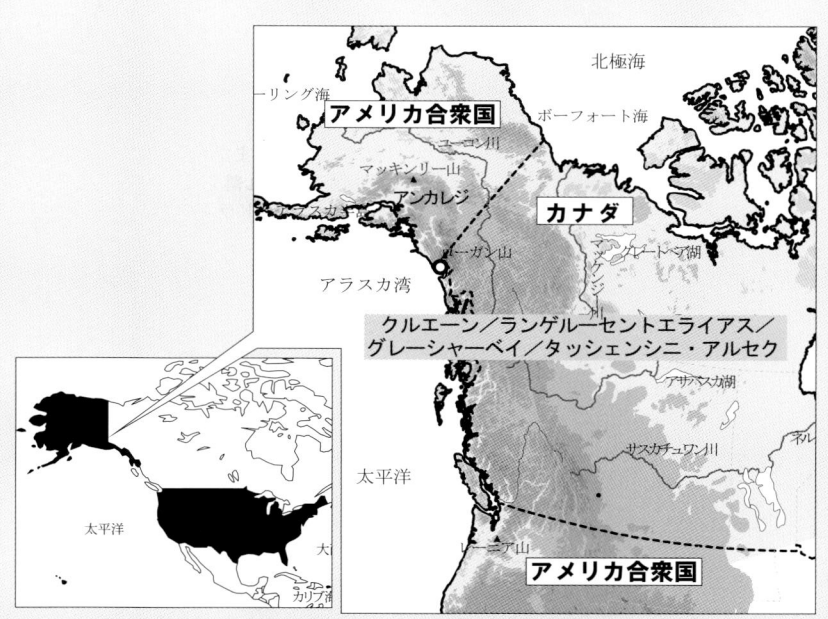

北緯61度11分51秒　西経140度59分31秒

交通アクセス　●クルエーン国立公園へは、アラスカ・ハイウエイからアクセスできる。

レッドウッド国立公園

登録遺産名		Redwood National Park
遺産種別		**自然遺産**
登録基準	(vii)	もっともすばらしい自然的現象、または、ひときわすぐれた自然美をもつ地域、及び、美的な重要性を含むもの。
	(ix)	陸上、淡水、沿岸、及び、海洋生態系と動植物群集の進化と発達において、進行しつつある重要な生態学的、生物学的プロセスを示す顕著な見本であるもの。
登録年月		1980年9月 （第4回世界遺産委員会パリ会議）
登録遺産の面積		56,883ha

登録物件の概要　レッドウッド国立州立公園は、カリフォルニア州の北部から海岸線に沿って南北約80kmにわたり広がる面積425km²の森林地帯を中心とする国立州立公園。レッドウッドと呼ばれる樹皮が赤みを帯びた木（セコイアの一種で正式にはイチイモドキという）は、世界最古の樹木とされている。樹齢600年、周囲13.4mの世界一のレッドウッドの大木は、「ビッグ・ツリー」とよばれ、高さ112.1mあり、自立する樹木としては世界一の高さ。夏の濃霧と冬の多雨による湿潤な気候がレッドウッドの成育に適しており、かつてはカリフォルニア州北部太平洋岸の広大な地域に分布していたが、無計画に伐採されてしまったために、その大半は失われた。その保護目的で登録された。

分類	自然景観、生態系
生物地理地区	Oregonian
IUCNのカテゴリー	II （National Park）
生物圏保護区	カリフォルニア海岸山脈生物圏保護区の一部
物件所在地	カリフォルニア州
	1111 Second Street, Crescent City, CA 95531
	TEL 707-464-6101　FAX 707-464-1812
所有	国有地　14,075ha　連邦政府　30,535ha
保護	Del Norte Coast Redwoods State Park （2,578ha）
	Jedediah Smith Redwoods State Park （4,002ha）
	Prairie Creek Redwoods State Park （5,693ha）
	Redwood National Park （44,610ha）
管理	Redwood National Park, 1111 Second Street, Crescent City, California 95531
	℡707-464-6101　Fax707-464-1812　E-mail：REDW_Superintendent@nps.gov
活用	キャンプ、自然、ハイキング、カヤック、乗馬、ピクニック
脅威	伐木
参考URL	ユネスコ世界遺産センター　**http://whc.unesco.org/en/list/134**

レッドウッド国立公園

北緯41度22分26秒　西経123度59分53秒　高度0〜950m

交通アクセス　●サンフランシスコ、或は、ポートランドから車で約6時間。

マンモスケーブ国立公園

登録遺産名	Mammoth Cave National Park
遺産種別	自然遺産

登録基準　(vii) もっともすばらしい自然的現象、または、ひときわすぐれた自然美をもつ地域、及び、美的な重要性を含むもの。
(viii) 地球の歴史上の主要な段階を示す顕著な見本であるもの。これには、生物の記録、地形の発達における重要な地学的進行過程、或は、重要な地形的、または、自然地理的特性などが含まれる。
(x) 生物多様性の本来的保全にとって、もっとも重要かつ意義深い自然生息地を含んでいるもの。これには、科学上、または、保全上の観点から、すぐれて普遍的価値をもつ絶滅の恐れのある種が存在するものを含む。

登録年月　　1981年10月（第5回世界遺産委員会シドニー会議）

登録遺産の面積　21,191ha

登録物件の概要　マンモスケーブ国立公園は、ケンタッキー州の中部にある世界最大級の巨大鍾乳洞を中心とした国立公園。地下水脈が造った鍾乳洞の総延長は320kmが確認済みだが、500kmを超えるともいわれている。地下60〜100mにかけて広がる迷路のような洞内には、「マンモス・ドーム」と呼ばれる高さ59mにおよぶ空間や、「ボトムレス・ピット」と呼ばれる深い淵などがあり、ケンタッキー・ドウクツエビ、インディアナ・オヒキ・コウモリなど絶滅寸前の生物や盲目魚も4種類ほど確認されている。

分類	自然景観、地形・地質、生物多様性
生物地理地区	Eastern Forest
IUCNのカテゴリー	II（National Park）
動物	ケンタッキー・ドウクツエビ、インディアナ・オヒキ・コウモリ
物件所在地	Mammoth Cave National Park, Mammoth Cave, Kentucky 42259
土地所有	連邦政府
保護	マンモスケーブ国立公園（1941年7月1日） 生物圏保護区（1990年／1996年）
管理	National Park Service
活用	観光、ハイキング
課題	苔、菌、藻などで洞窟の自然美が損なわれていること。
参考URL	ユネスコ世界遺産センター　**http://whc.unesco.org/en/list/150**

マンモスケーブ国立公園

北緯37度11分14秒　西経86度6分11秒

交通アクセス　●ナッシュビルから車で1時間30分。

オリンピック国立公園

登録遺産名	Olympic National Park

遺産種別　自然遺産

登録基準　(vii) もっともすばらしい自然的現象、または、ひときわすぐれた自然美をもつ地域、及び、美的な重要性を含むもの。
(ix) 陸上、淡水、沿岸、及び、海洋生態系と動植物群集の進化と発達において、進行しつつある重要な生態学的、生物学的プロセスを示す顕著な見本であるもの。

登録年月　1981年10月（第5回世界遺産委員会シドニー会議）

登録遺産の面積　369,660ha（オリンピック山脈　352,335ha、太平洋海岸地域　17,325ha）

登録物件の概要　オリンピック国立公園は、カナダ国境に近いワシントン州北西部、オリンピック半島北端にある面積3628km²の国立公園。標高2428mのオリンパス山を中心とする山岳地域、温和な気候の多雨林地帯、太平洋に面した海岸地帯の3つの地域からなる。特に太平洋岸には3種類の世界最大規模の針葉樹林（ヒノキ科のアラスカヒノキ、マツ科のベイツガ、アメリカトガサワラ）があり、開発を免れて保護されている。山岳地帯には、7つの氷河や峡谷、湖が散在し、ヘラジカ、アメリカクロジカなどの野生動物が見られる。現在、エルワ川に架かっていたエルワ・ダムとグラインズ・キャニオン・ダムの二つの大型ダムも撤去され、これまで遡上できなかったサケやマスが回帰、熊、ワシなどの動物との生態系も回復、また、この地に長年生活してきたクララム族の伝統文化も再生しつつある。

分類	自然景観、生態系
生物地理地区	Oregonian
IUCNのカテゴリー	II（National Park）
動物	ヘラジカ、アメリカクロジカ
植物	アララアスカヒノキ、ベイツガ、アメリカトガサワラ

物件所在地	ワシントン州

所有	連邦政府　99%　私有地　1%
保護	オリンピック国立公園（1938年6月29日）
	生物圏保護区（1976年6月）
管理	Olympic National Park, 600 E. Park Avenue, Port Angeles, Washington 98363-6798
	℡.360-452-4501　Email：David_Morris@nps.gov

活用	ハイキング、観光
脅威	海岸地域の環境汚染、不法の伐木

参考URL	ユネスコ世界遺産センター　**http://whc.unesco.org/en/list/151**

オリンピック国立公園

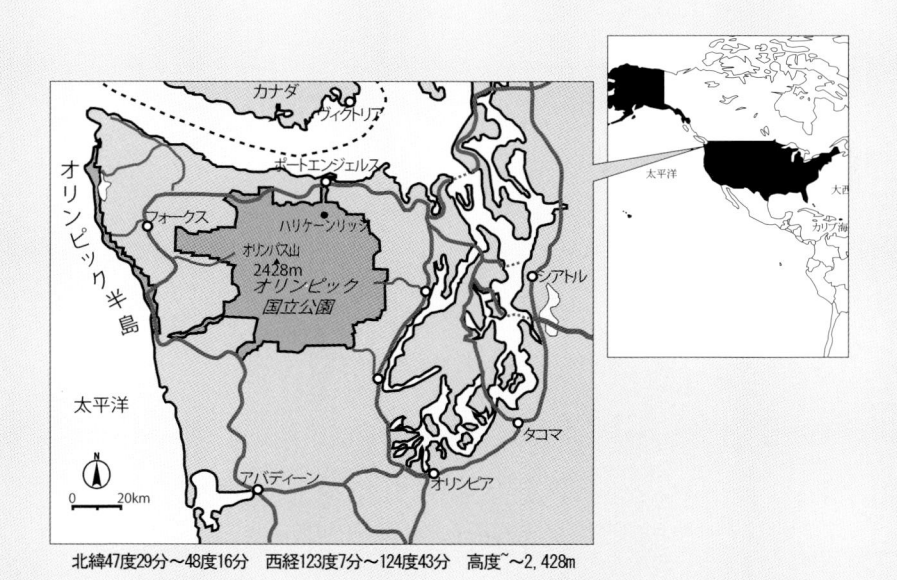

北緯47度29分～48度16分　西経123度7分～124度43分　高度~2,428m

交通アクセス　●シアトルから車で2～3時間（フェリー利用）。ポートエンジェルスを経由し、公園入口へ。

カホキア土塁州立史跡

登録遺産名	Cahokia Mounds State Historic Site
遺産種別	**文化遺産**
登録基準	(iii) 現存する、または、消滅した文化的伝統、または、文明の、唯一の、または、少なくとも稀な証拠となるもの。
	(iv) 人類の歴史上重要な時代を例証する、ある形式の建造物、建築物群、技術の集積、または、景観の顕著な例。
登録年月	1982年12月（第6回世界遺産委員会パリ会議）
	2016年 7月（第40回世界遺産委員会イスタンブール会議） 登録範囲の軽微な変更
登録遺産の面積	541ha

登録物件の概要 カホキア土塁州立史跡は、イリノイ州の南西、ミシシッピ川の西岸の町セントルイス（ミズーリ州）から15km離れたところにあるアメリカ先住民の大集落遺跡。カホキア遺跡は、ミシシッピ川とミズーリ川にはさまれた地域で、ミシシッピ川が洪水に見舞われた時に偶然発見された。この地域の森林地には、700年頃、最初は、アメリカの先住民族が住んでいた。そして、彼等は、10〜17世紀にかけて1万〜2万人の人口をもつ集落をカホキアを中心に形成した。最盛期の12世紀には、ミシシッピ川流域全体に住んでいたことなどから、ミシシッピアン（ミシシッピ人）と総称されている。勤勉な彼等は、編みかごで大量の土を運び、住居や墓所の基礎となる土塁を築いて居住区や墳丘とした。台形の形をした巨大なモンクス・マウンド（長さ304m、幅213m、高さ30m）は、マヤやアステカのピラミッドよりも大きく、先史時代に築かれたものでは最大とされている。フォックス・マウンドとラウンド・トップ・マウンドのツイン・マウンドなど100か所以上の土塁群、墓地、倉庫、それに、出土した石片、食器などから高度な社会生活が営まれていたミシシッピ文明が存在していたことが窺える。カホキア土塁群は、イリノイ州の州立史跡に指定されている。

分類	遺跡
年代区分	10世紀〜17世紀
物件所在地	イリノイ州コリンスビル
保護	イリノイ州立史跡
管理	イリノイ歴史保護局（Illinois Historic Preservation Agency）
活用	観光、教育、工芸、イベント
見所	●マウンズ（The Mounds）
	●モンクス・マウンド（Monks Mound）
	●ウッドヘンジ（Woodhenge）
解説センター	カホキア土塁解説センター（The Cahokia Mounds Interpretive Center）
	30 Ramey St Collinsville, IL 62234　℡618-346-5160
ゆかりの民族	ミシシッピアン（ミシシッピ人）
脅威	風化
参考URL	ユネスコ世界遺産センター　**http://whc.unesco.org/en/list/198**

カホキア土塁州立史跡

北緯38度39分31秒　西経90度3分41秒

交通アクセス　●シカゴからセントルイスまで飛行機で1時間。
　　　　　　　　●セントルイスから車で約15分。

グレートスモーキー山脈国立公園

登録遺産名	Great Smokey Mountains National Park
遺産種別	**自然遺産**

登録基準　(vii) もっともすばらしい自然的現象、または、ひときわすぐれた自然美をもつ地域、及び、美的な重要性を含むもの。

(viii) 地球の歴史上の主要な段階を示す顕著な見本であるもの。これには、生物の記録、地形の発達における重要な地学的進行過程、或は、重要な地形的、または、自然地理的特性などが含まれる。

(ix) 陸上、淡水、沿岸、及び、海洋生態系と動植物群集の進化と発達において、進行しつつある重要な生態学的、生物学的プロセスを示す顕著な見本であるもの。

(x) 生物多様性の本来的保全にとって、もっとも重要かつ意義深い自然生息地を含んでいるもの。これには、科学上、または、保全上の観点から、すぐれて普遍的価値をもつ絶滅の恐れのある種が存在するものを含む。

登録年月　　　　1983年12月（第7回世界遺産委員会フィレンツェ会議）

登録遺産の面積　209,000ha

登録物件の概要　グレート・スモーキー山脈国立公園は、ノース・カロライナ州とテネシー州の州境、アパラチア山脈の南部にあり、グレートスモーキー山脈を中心に延長110km、幅30kmに及ぶ。公園内には1800m級の山が25座連なり、温暖多湿の気候の為に立ち昇る見事な霧がグレート・スモーキーの由来である。標高差が大きいため、多様な樹木と1300余種の顕花植物の植物分布が特徴。ミンク、ビーバーなどの毛皮獣も多数生息する。

分類	自然景観、地形・地質、生態系、生物多様性
生物地理地区	Eastern Forest
IUCNのカテゴリー	II（National Park）
生物圏保護区	南部アパラチア生物圏保護区（1988年）
動物	ミンク、ビーバー
植物	多様な樹木と1300余種の顕花植物
物件所在地	テネシー州／ノースカロライナ州
所有	連邦政府
保護	グレート・スモーキー山脈国立公園（1926年5月22日）
管理	Great Smoky Mountains National Park
	107 Park Headquarters Road, Gatlinburg, Tennessee 37738　℡615-436-1705
活用	レクリェーション、キャンプ、教育
脅威	空気汚染、伐木、密猟
参考URL	ユネスコ世界遺産センター　**http://whc.unesco.org/en/list/259**

アメリカ合衆国の世界遺産

グレート・スモーキー山脈国立公園

北緯　35度26分～35度47分　西経83度45分～84度00分　高度　259m～2025m

交通アクセス　　●ノックスヴィル、或は、アッシュヴィルから車で約1時間。

アメリカ合衆国の世界遺産

プエルトリコのラ・フォルタレサとサン・ファンの歴史地区

登録遺産名	La Fortaleza and San Juan Historic Site in Puerto Rico
遺産種別	**文化遺産**
登録基準 (vi)	顕著な普遍的な意義を有する出来事、現存する伝統、思想、信仰、または、芸術的、文学的作品と、直接に、または、明白に関連するもの。
登録年月	1983年12月（第7回世界遺産委員会フィレンツェ会議）
登録遺産の面積	33.39ha

登録遺産の概要 プエルト・リコのラ・フォルタレサとサン・ファンの国立歴史地区は、カリブ海に浮かぶ島のアメリカ合衆国准州のプエルト・リコ（スペイン語で「豊かな港」、「富める港」の意）にある。この島は、1493年11月19日にコロンブスによって発見され、サン・フアン・バウティスタ島と名づけられた。その首都のサン・ファン（スペイン語で聖ヨハネの意）は、スペイン人のフアン・ポンセ・デ・レオンが16世紀に征服して築いた町で、サン・ファン歴史地区は、北西の旧市街にある。堅牢なエル・モロ要塞やサンクリストバル要塞は、海賊や他国の攻撃に備えて築かれた。旧総督公邸であった要塞ラ・フォルタレサは、スペイン統治時代の装飾が美しい。

分類	遺跡
年代区分	15～19世紀
物件所在地	プエルト・リコ准州サン・ファン（首都　人口　43.8万人）
保護	国定史跡（National Historic Site　1949年2月14日）
管理	Fort San Cristobal, Norzagaray Street, San Juan, PR 00901
	℡787-729-6777　Visitor Information　℡787-729-6960
	Email：SAJU_Superintendent@nps.gov
活用	観光、教育、博物館
見所	●エル・モロ要塞
	●サン・ファン大聖堂
	●サンクリストバル要塞
	●ラ・フォルタレサ
博物館	エル・モロ要塞博物館
ゆかりの人物	コロンブス（1451～1506年）
	フアン・ポンセ・デ・レオン（プエルト・リコ初の総督）
参考URL	ユネスコ世界遺産センター　**http://whc.unesco.org/en/list/266**

サン・ファンの要塞

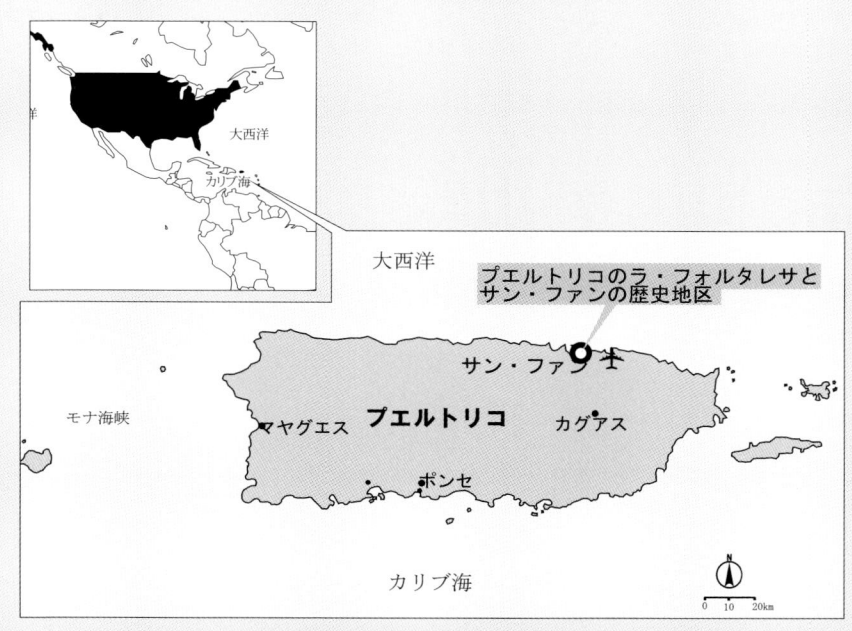

プエルトリコのラ・フォルタレサとサン・ファンの歴史地区

大西洋

サン・ファン

プエルトリコ

マヤグエス

カグアス

モナ海峡

ポンセ

カリブ海

北緯18度28分　西経66度7分30秒

交通アクセス　●ロサンゼルス空港からルイス・ムニョス・マリン国際空港まで
飛行機で3時間。歴史地区へは空港から車。

自由の女神像

登録遺産名	Statue of Liberty
遺産種別	**文化遺産**
登録基準	（i） 人類の創造的天才の傑作を表現するもの。
	（vi） 顕著な普遍的な意義を有する出来事、現存する伝統、思想、信仰、または、芸術的、文学的作品と、直接に、または、明白に関連するもの。
登録年月	1984年11月（第8回世界遺産委員会ブエノスアイレス会議）
登録遺産の面積	5ha

登録物件の概要 自由の女神像は、ニューヨーク港の入口にあるリバティー島にある。アメリカの独立100周年を祝って、アメリカとフランス両国の友好のために、フランスの歴史家で政治家のエドゥワール・ド・ラブレーが女神像のアメリカ寄贈を提案。フランス民衆の募金を中心に、フランスの彫刻家のフレデリック・バルトルディ（1834～1904年）が設計、鉄橋技師のギュスターヴ・エッフェル（1832～1923年）が製作し、1866年に完成した。自由の女神像の正式名称は、「世界を照らす自由」（Liberty Enlightening the World）。高さ46mの像は、奴隷制と独裁政治を意味する鎖を踏みつけて立っており、右手には、自由を掲げる松明、左手には、1776年7月4日と記した独立宣言書を抱えている。自由の女神像は、350枚の銅板を繋ぎ合わせてあり、11の突端をもつ星形の基底部をそなえた台座の高さは47m。自由の女神像の中には、自由の女神博物館がある。新天地を求めて新大陸にやってきた移民たちが最初に目にする「アメリカ」が、この自由の女神像であった。そして、夢と希望と可能性を抱きながら各地へ移り住んでいったのである。台座の中に入り、エレベーターで10階まで上がると、女神の足元に着く。そこから168段の螺旋階段を登ると、頭部の展望台に到着する。頭部の王冠には、7つの突起があり、それは「7つの大陸と7つの海に広がる自由」を示している。ここからはニューヨークの摩天楼の眺望を見渡すことができる。全高93mの像は、アメリカが誇る民主主義のシンボルで、歴史的にはまだ浅いアメリカの重要な文化遺産のひとつとなっている。

分類	モニュメント
年代区分	19世紀～
設計	フレデリク・バルトルディ
建築	ギュスターヴ・エッフェル、リチャード・モリス・ハント
物件所在地	ニューヨーク州ニューヨーク市ニューヨーク港
	Liberty IslandNew York, NY 10004　℡212-363-3200
保護	国の記念物（National Monument　1924年10月15日指定）
管理	アメリカ合衆国国立公園局
活用	観光、教育
ゆかりの人物	●エドゥワール・ド・ラブレー
	●フレデリック・バルトルディ
	●ギュスターヴ・エッフェル
	●リチャード・モリス・ハント
脅威	遊覧飛行、観光圧力、暴風雨、水質汚染
参考URL	ユネスコ世界遺産センター　**http://whc.unesco.org/en/list/307**

アメリカ合衆国の世界遺産

リバティ島に立つ自由の女神像

北緯40度41分22秒　西経74度2分41秒

交通アクセス　●マンハッタン島南端のバッテリー公園、或は、ニュージャージ州の
　　　　　　　　リバティ州立公園からフェリー。

ヨセミテ国立公園

登録遺産名	Yosemite National Park
遺産種別	自然遺産
登録基準	(vii) もっともすばらしい自然的現象、または、ひときわすぐれた自然美をもつ地域、及び、美的な重要性を含むもの。
	(viii) 地球の歴史上の主要な段階を示す顕著な見本であるもの。これには、生物の記録、地形の発達における重要な地学的進行過程、或は、重要な地形的、または、自然地理的特性などが含まれる。
登録年月	1984年11月（第8回世界遺産委員会ブエノスアイレス会議）
登録遺産の面積	308,283ha　　**高度**　671m 〜3,998m

登録遺産の概要　ヨセミテ国立公園は、カリフォルニア州のシェラネバダ山脈中部にある。マーセド川が流れる巨大なヨセミテ渓谷を中心にして広がる花崗岩の岩山と森と湖からなる面積3083km2の広大な国立公園。氷河の彫刻ハーフ・ドームと呼ぶ標高2695mの岩山、世界最大の花崗岩の一枚岩であるエル・キャピタンの岩壁（高さ914m）、落差が728mもあるヨセミテ滝などが壮大な姿を見せている。また、植物相も多彩で、麓のほうでは多数の草花が自生している。樹齢3000年、幹の直径が10mもあるジャイアント・セコイアをはじめ、セコイア林などが広がる。動物は、クロクマ、ミュールジカ、ピューマ、リスなどが生息するが、ハイイログマやオオカミは絶滅してしまった。ヨセミテ国立公園は、アメリカでは最も人気のある国立公園のひとつで、年間400万人もの観光客が訪れる。

分類	自然景観、地形・地質
国立公園の指定	1890年（アメリカ合衆国で二番目に古い国立公園）
生物地理地区	Sierra-Cascade
IUCNのカテゴリー	II（National Park）
動物	クロクマ、ミュールジカ、ピューマ、リス
植物	ジャイアント・セコイア、セコイア林
物件所在地	カリフォルニア州シェラネバダ
所有	連邦政府
保護	ヨセミテ国立公園
管理	PO Box 577, Yosemite National Park, California 95389
活用	観光、キャンプ
脅威	観光客の増加
参考URL	ユネスコ世界遺産センター　**http://whc.unesco.org/en/list/308**

ヨセミテ国立公園

北緯37度44分46秒　西経119度35分48秒

交通アクセス　　●サンフランシスコから車で約5時間。多くのツアーあり。

アメリカ合衆国の世界遺産

チャコ文化

登録遺産名		Chaco Culture
遺産種別		**文化遺産**
登録基準	(iii)	現存する、または、消滅した文化的伝統、または、文明の、唯一の、または、少なくとも稀な証拠となるもの。
登録年月		1987年12月（第11回世界遺産委員会パリ会議）

登録物件の概要 チャコ文化は、ニューメキシコ州の北西部、チャコ・キャニオンを中心とするアメリカ先住民のアナサジ族の集落遺跡。アナサジ族は、900〜1150年にかけて存在し、プエブロ・ボニートなど大小の集落の共同体が広範囲に分布し、その勢力範囲は約67000km2にも及んだ。チャコ・キャニオンの渓谷内部の日の当たる部分を中心に造られた日干しレンガの住居には、全体で1万人規模の集落が存在していたと推定されている。地下室には食料貯蔵庫が備えられ、厳しい生活環境への配慮が窺える。キヴァと呼ばれるカサ・リンコナーダなど宗教的な儀式の場も数か所残されている。

分類	遺跡
年代区分	9〜13世紀
物件所在地	ニューメキシコ州
	PO Box 220, Nageezi, NM 87037-0220
	℡505-786-7014　Email：CHCU_Interpretation@nps.gov
	Kin Bineola, Kin Ya'a, Pueblo Pintado,
	Aztec Ruins National Monument
	Casamero, Kin Nizhoni, Pierre's site, Twin Angels, Halfway House
構成資産	10の構成資産
保護	チャコ文化国立歴史公園
	（Chaco Culture National Historical Park　1980年12月19日指定）
	チャコ峡谷国指定記念物
	（Chaco Canyon National Monument　1907年3月11日指定）
	アズテック遺跡国指定記念物
	（Aztec Ruins National Monument　1923年1月24日指定）
管理	National Park Service, Bureau of Land Management
活用	観光、キャンプ、ハイキング、自然散策
博物館	Chaco Culture NHP Museum Collection
	Curator's Office & Archaeological Collection:
	Wendy Bustard, Curator, Rm 243F, Anthropology Building
	University of New Mexico, Albuquerque, NM 87131
	℡505-766-3780　E-mail：Wendy_Bustard@nps.gov
脅威	風化
参考URL	ユネスコ世界遺産センター　**http://whc.unesco.org/en/list/353**

チャコ文化国立歴史公園

北緯36度3分49秒　西経107度58分15秒

交通アクセス　●アルバカーキから車で約3時間。

シャーロッツビルのモンティセロとヴァージニア大学

登録遺産名	Monticello and the University of Virginia in Charlottesville
遺産種別	**文化遺産**

登録基準　(i)　人類の創造的天才の傑作を表現するもの。
　　　　　(iv)　人類の歴史上重要な時代を例証する、ある形式の建造物、建築物群、技術の集積、または、景観の顕著な例。
　　　　　(vi)　顕著な普遍的な意義を有する出来事、現存する伝統、思想、信仰、または、芸術的、文学的作品と、直接に、または、明白に関連するもの。

登録年月　　1987年12月　（第11回世界遺産委員会パリ会議）

登録遺産の面積　795.96ha

登録物件の概要　シャーロッツビルは、アメリカ合衆国の東海岸のバージニア州中部にあるリヴァンナ川を見下ろす高台にある人口40000人の小さな都市。シャーロッツビルの郊外にあるモンティセロは、1776年のアメリカ独立宣言の草案を起草した第3代アメリカ大統領で、また、建築家としても優れていたトマス・ジェファソン（1743〜1826年）が自ら設計した邸宅。また、ジェファソンは、1825年には、ヴァージニア大学を創立し、建築も手がけた。ヴァージニア大学は、キャンパスの中央にある円形のロトンダに象徴される様に、随所に古代ギリシャやローマの建築様式を採り入れている。

分類	建造物群、モニュメント
年代区分	17〜18世紀
物件所在地	ヴァージニア州シャーロッツビル
所有	モンティセロ：　トマス・ジェファソン記念財団
	ヴァージニア大学：　ヴァージニア州
管理	モンティセロ：　トマス・ジェファソン記念財団
	ヴァージニア大学：　ヴァージニア大学、ヴァージニア州
活用	教育、観光
見所	●モンティセロ
	●ヴァージニア大学
ゆかりの人物	トマス・ジェファソン（1743〜1826年）
備考	首都ワシントンには、ジェファソン記念堂がある。
参考URL	ユネスコ世界遺産センター　**http://whc.unesco.org/en/list/442**

モンティセロ

ヴァージニア大学のロトンダ

モンティセロ　北緯37度59分55秒　西経78度27分28秒
ヴァージニア大学　北緯38度1分58秒　西経78度30分14秒

交通アクセス　●ワシントンD.C.から車で約2時間。

ハワイ火山群国立公園

登録遺産名	Hawaii Volcanoes National Park
遺産種別	**自然遺産**
登録基準	(viii) 地球の歴史上の主要な段階を示す顕著な見本であるもの。これには、生物の記録、地形の発達における重要な地学的進行過程、或は、重要な地形的、または、自然地理的特性などが含まれる。
登録年月	1987年12月 （第11回世界遺産委員会パリ会議）
登録遺産の面積	87,940ha

登録物件の概要 ハワイ火山群国立公園は、ハワイ州ハワイ島南東岸にある1916年に指定された国立公園である。ハワイ島（The Big Island）は、太平洋の真ん中にある8つの島で構成されるハワイ群島の最大の島でポリネシアの歴史をもつ。ハワイ火山群は、世界で最も激しい7000年にもわたる火山活動を続ける2つの火口をもつキラウエア火山（1250m）やマウナ・ロア火山（4170m）などの活火山が噴煙を上げ、真っ赤な熔岩を押し出している。ハワイ群島の最高峰のマウナ・ケア火山（4205m）は、白い山という意味の楯状火山で、氷食地形と氷河湖が残っている。冬期には降雪が見られ、空気が澄んでいるので星空が美しく見られる。世界遺産の登録面積は、マウナ・ロア山の頂上と南東の斜面、キラウエア火山の頂上と南西、南、南東の斜面を含む92934haである。ハワイ火山群国立公園には、マングース、ヤギ、イノシシなどの野生動物や熱帯鳥類が生息しており、1980年にハワイ諸島生物圏保護区の一部になっている。

分類	地形・地質
生物地理地区	Hawaiian
IUCNのカテゴリー	II （National Park）
動物	マングース、ヤギ、イノシシ
植物	熱帯鳥類
物件所在地	ハワイ州ハワイ島
所有	連邦政府
保護	ハワイ火山群国立公園
管理	Hawaii Volcanoes National Park
	P O Box 52, Hawaii National Park, Hawaii 96718
	℡ 808-967-8226　Fax 808-985-8614
活用	観光、ハイキング、釣り
脅威	野生のヤギ、ブタ、外来のマングースなどによる動植物への影響
参考URL	ユネスコ世界遺産センター　**http://whc.unesco.org/en/list/409**

ハワイ火山群国立公園

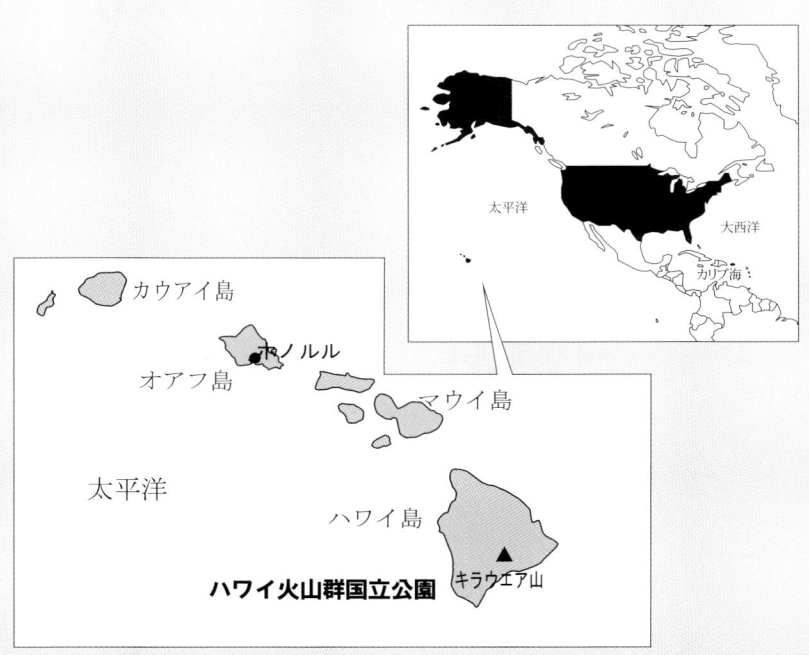

北緯19度24分3秒　西経155度7分25秒　高度　0～4170m

交通アクセス　●ホノルルからヒロまで飛行機で約40分。
　　　　　　　　　●空港から車で約1時間。

タオス・プエブロ

登録遺産名	Taos Pueblo
遺産種別	**文化遺産**
登録基準	(iv) 人類の歴史上重要な時代を例証する、ある形式の建造物、建築物群、技術の集積、または、景観の顕著な例。
登録年月	1992年12月 （第16回世界遺産委員会サンタ・フェ会議）
登録遺産の面積	19.01ha

登録物件の概要 タオス・プエブロは、ニューメキシコ州の北部、サングリ・デ・クリスト山脈西麓の渓谷にある先住民居留地。16世紀初頭スペイン人が侵攻し、その後、メキシコ領、アメリカ領と変遷したため、タオス・プエブロには、次の3つの地区がある。スペイン支配時代の先住民アナサジ族の集落跡のタオス・ランチョス、メキシコ風のタオス・ドン・フェルナンド、先住民プエブロ族の居住地で、タオス・サン・ジェロニモ。タオス・サン・ジェロニモにある日干し煉瓦造りの集合住宅には、現在も先住民の末裔が生活している。タオス・プエブロの登録遺産名は、当初、プエブロ・デ・タオスであったが、2012年にスペイン語表記から英語表記に変更になった。

分類	遺跡
年代区分	16世紀
物件所在地	ニューメキシコ州タオス・プエブロ
管理	Taos Pueblo Governor's Office ℡505-758-9593
活用	ウォーキング・ツアー、イベント
	Taos Pueblo Tourism Department ℡505-758-1028
見所	●ランチョス・デ・タオス
	●ドン・フェルナンド・デ・タオス
	●サン・ジェロニモ・デ・タオス
ゆかりの民族	アナサジ・インディアン族、プエブロ族
脅威	風化
参考URL	ユネスコ世界遺産センター **http://whc.unesco.org/en/list/492**

タオス・プエブロ

北緯36度28分8秒　西経105度33分37秒

交通アクセス　　●サンタフェから車で約1時間30分。

カールスバッド洞窟群国立公園

登録遺産名	Carlsbad Caverns National Park
遺産種別	**自然遺産**

登録基準　(vii) もっともすばらしい自然的現象、または、ひときわすぐれた自然美をもつ地域、及び、美的な重要性を含むもの。

(viii) 地球の歴史上の主要な段階を示す顕著な見本であるもの。これには、生物の記録、地形の発達における重要な地学的進行過程、或は、重要な地形的、または、自然地理的特性などが含まれる。

登録年月　　　　1995年12月（第19回世界遺産委員会ベルリン会議）

登録遺産の面積　18.926ha

登録物件の概要　カールスバッド洞窟群国立公園は、ニューメキシコ州の南東部、グアダループ山脈の山麓にある石灰岩の大洞窟－鍾乳洞を中心とした国立公園で、面積は189km²。81もの洞からなる大鍾乳洞の総延長は40km、最深部は335mに達する。カールスバッド洞窟群国立公園の最大の見所は、地下229mにある「ビッグルーム」で世界最大規模といわれる。観光客に開放されているのは、2か所のみである。カールスバッド洞窟内には、多数のメキシコ・コウモリが生息しており、地名は「カール大帝の湯治場」の意。

分類	自然景観、地形・地質
生物地理地区	Chihuahuan
IUCNのカテゴリー	II（National Park）
物件所在地	ニューメキシコ州エディ地方
	3225 National Parks Highway, Carlsbad, New Mexico 88220
土地所有	連邦政府所有　18,788ha　私有　137ha
保護	カールスバッド洞窟群国立公園
管理	National Park Service
活用	観光、ピクニック
脅威	境界部での石油・ガス探査
課題	コウモリの減少
参考URL	ユネスコ世界遺産センター　**http://whc.unesco.org/en/list/721**

カールスバッド洞窟

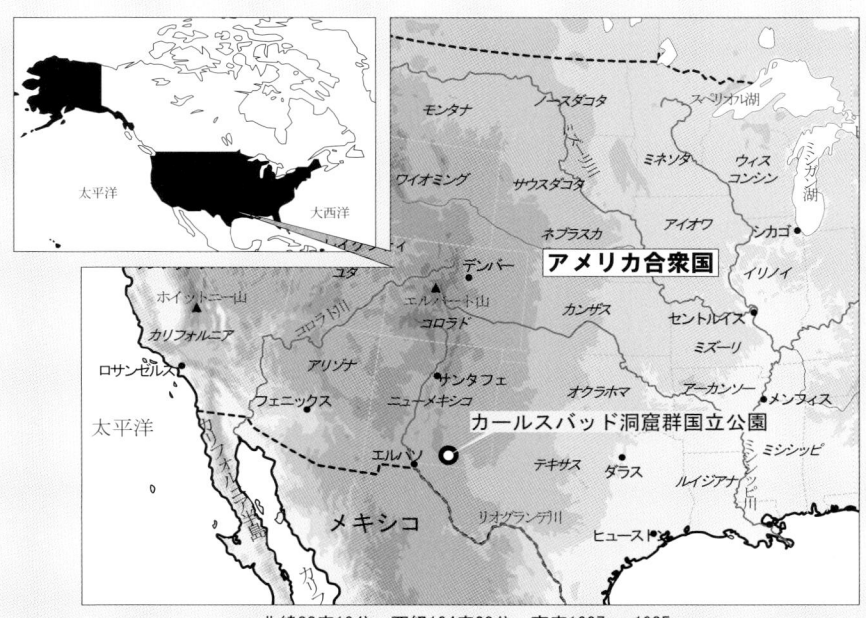

北緯32度10分　西経104度23分　高度1097m〜1935m

交通アクセス　●エルパソから車で約3時間。

ウォータートン・グレーシャー国際平和公園

登録遺産名	Waterton Glacier International Peace Park
遺産種別	自然遺産

登録基準 (vii) もっともすばらしい自然的現象、または、ひときわすぐれた自然美をもつ地域、及び、美的な重要性を含むもの。

(ix) 陸上、淡水、沿岸、及び、海洋生態系と動植物群集の進化と発達において、進行しつつある重要な生態学的、生物学的プロセスを示す顕著な見本であるもの。

登録年月　　　　1995年12月 （第19回世界遺産委員会ベルリン会議）

登録遺産の面積　457,614ha

（ウォータートン・レイクス国立公園 52,525ha、グレーシャー国立公園 405,089ha）

登録物件の概要　ウォータートン・グレーシャー国際平和公園は、カナダとアメリカ合衆国との国境に位置し、カナダ側は、アルバータ州の南西部にあるウォータートン・レイクス国立公園とアメリカ側は、モンタナ州とカナダのブリティッシュ・コロンビア州にまたがるグレーシャー国立公園が、アルバータとモンタナのロータリー・クラブの働きかけにより、1932年6月30日に、ひとつの公園として、世界初の国際平和公園法によって選ばれた。両者はカナダとアメリカの国境を隔てているが、自由に行き来できるツイン・パーク。それぞれ、ウォータートン湖とマクドナルド湖を擁する。「ロッキー山脈が大平原に出会うところ」のキャッチフレーズのように、大平原から急に険しくロッキー山脈が立ち上がる高山や氷河地形の景観は壮大。マウンティンゴート、ビッグホーン、コヨーテ、グリズリーなどの野生動物、多くの鳥類や植物が生息する。一方、ウォータートン・グレーシャー国際平和公園は、エルク・フラットヘッド渓谷での鉱山開発、気候変動による氷河の融解によって、脅威にさらされている。

分類	自然景観、生態系
生物地理地区	ロッキー山脈 （Rocky Mountains）
IUCNの管理カテゴリー	II （National Park）

物件所在地	**カナダ側** ウォータートン・レイクス国立公園　アルバータ州		
	アメリカ合衆国側 グレーシャー国立公園　モンタナ州		
保存	**カナダ側**	ウォータートン・レイクス国立公園 （WLNP）	1930年指定
		ユネスコMAB生物圏保護区　1979年指定	
	アメリカ側	グレーシャー国立公園 （GNP）	1910年
		ユネスコMAB生物圏保護区　1976年指定	
	両国側	ウォータートン・グレーシャー国際平和公園	1932年指定
管理	**カナダ側**	カナダ公園局 （Parks Canada）	
	アメリカ側	内務省国立公園局 （NPS）	
利活用	トレッキング、観光		

世界遺産を取り巻く危険や脅威

●エルク・フラットヘッド渓谷での鉱山開発

●気候変動による氷河の融解

参考URL　　　　ユネスコ世界遺産センター　　**http://whc.unesco.org/en/list/354**

グレーシャー国立公園のチーフ山

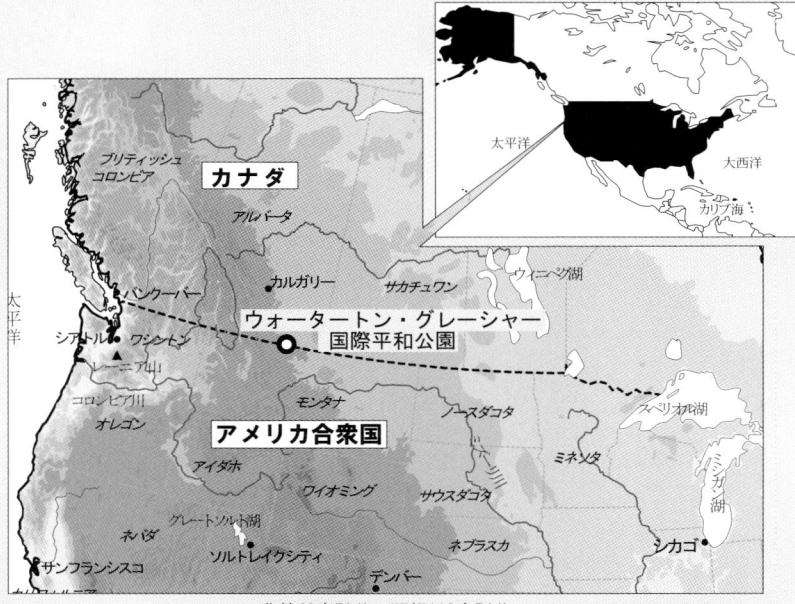

北緯48度59分　西経113度54分

交通アクセス　●ウォータートンへは、カルガリーから車で2時間。
　　　　　　　●グレーシャーへは、ソルトレークシティから飛行機で1時間30分。

アメリカ合衆国の世界遺産

パパハナウモクアケア

登録遺産名		**Papahānaumokuākea**
遺産種別		**複合遺産**

登録基準　(iii) 現存する、または、消滅した文化的伝統、または、文明の、唯一の、または、少なくとも稀な証拠となるもの。

(vi) 顕著な普遍的な意義を有する出来事、現存する伝統、思想、信仰、または、芸術的、文学的作品と、直接に、または、明白に関連するもの。

(viii) 地球の歴史上の主要な段階を示す顕著な見本であるもの。これには、生物の記録、地形の発達における重要な地学的進行過程、或は、重要な地形的、または、自然地理的特性などが含まれる。

(ix) 陸上、淡水、沿岸、及び、海洋生態系と動植物群集の進化と発達において、進行しつつある重要な生態学的、生物学的プロセスを示す顕著な見本であるもの。

(x) 生物多様性の本来的保全にとって、もっとも重要かつ意義深い自然生息地を含んでいるもの。これには、科学上、または、保全上の観点から、すぐれて普遍的価値をもつ絶滅の恐れのある種が存在するものを含む。

登録年月　　2010年8月（第34回世界遺産委員会ブラジリア会議）

登録遺産の面積　36,207,499ha

登録遺産の概要　パパハナウモクアケアは、太平洋、ハワイ諸島の北西250km、東西1931kmに広がる北西ハワイ諸島とその周辺海域に展開する。2006年6月に、ジョージ・W・ブッシュ大統領によって、北西ハワイ諸島海洋国家記念物に指定され、2007年1月にパパハナウモクアケア海洋国家記念物に改名された。パパハナウモクアケアは、面積が36万km²、世界最大級の海洋保護区（MPA）の一つで、動物の生態や自然に関する研究を行う政府関係者のみが住み、ミッドウェー環礁を除いては、一般人の立ち入りは禁止されている。北西ハワイ諸島では、パパハナウモクアケア海洋国家記念物は、陸域は少ないが、1400万を超える海鳥、それに、アオウミガメの産卵地であり、絶滅危機種であるハワイモンクアザラシの生息地でもある。また、パールアンドハームズ礁、ミッドウェー環礁、クレ環礁は、多種多様な海洋生物の宝庫で、固有種が多い。パパハナウモクアケアは、大地に象徴される母なる神パパハナウモクと、空に象徴される父なる神ワケアを組み合わせたハワイ語の造語で、ニホア島 とモクマナマナ島は、ハワイの原住民にとっての聖地であり、文化的に大変重要な考古学遺跡が発見されている。米国海洋大気局（NOAA）、米国内務省魚類野生生物局（FWS）、ハワイ州政府の管轄で、無許可での船舶の通行、観光、商業活動、野生生物の持ち出しは禁止されている。

分類	遺跡、文化的景観、地形・地質、生態系、生物多様性
生物地理地区	the Northwestern Hawaian Islands
IUCNの管理カテゴリー	V. 景観保護地域（Protected Landscape/Seascape）
物件所在地	アメリカ合衆国／ハワイ州
所有者	連邦政府、ハワイ州（クレ環礁）
保護	●パパハナウモクアケア海洋国家記念物（2007年1月）
管理	●米国内務省魚類野生生物局（FWS）
	●米国海洋大気局（NOAA）
	●ハワイ州政府Land and Natural Resources部
利活用	環境教育
世界遺産を取り巻く脅威や危険	
	●ハリケーン　●津波　●船舶の座礁　●航行船舶による油汚染
課題	●世界遺産の登録範囲、コア・ゾーンとバッファー・ゾーンとの境界の明確化
	●環境教育やエコ・ツーリズムなど利活用
備考	ミッドウェー環礁を除いては、一般人の立ち入りは禁止されている。
参考URL	**http://whc.unesco.org/en/list/1326**

絶滅の危機にさらされているハワイモンクアザラシ

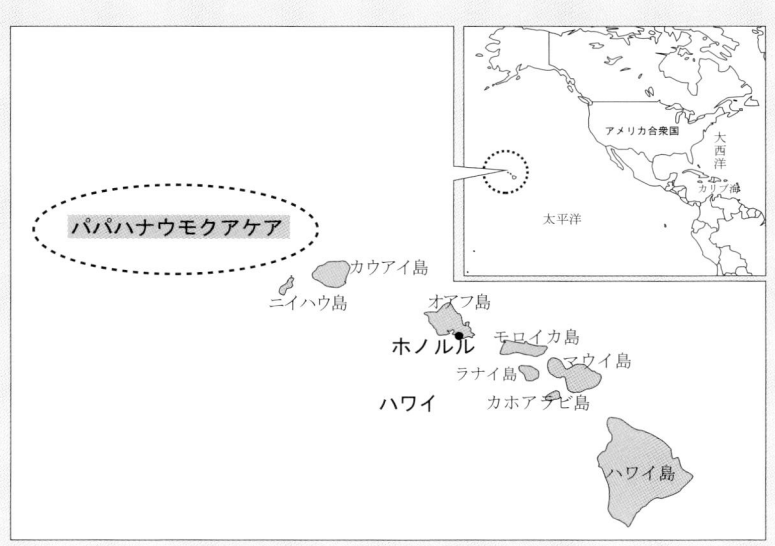

北緯25度20分56秒　西経170度8分4秒

交通アクセス　●ミッドウェー環礁へは、ホノルルから船、或は、軽飛行機。

ポヴァティ・ポイントの記念碑的な土塁群

登録遺産名	Monumental Earthworks of Poverty Point
遺産種別	**文化遺産**
登録基準 (iii)	現存する、または、消滅した文化的伝統、または、文明の、唯一の、または、少なくとも稀な証拠となるもの。
登録年月	2014年 6月 （第38回世界遺産委員会ドーハ会議）
登録遺産の面積	163 ha

登録物件の概要 ポヴァティ・ポイントの記念碑的な土塁群は、アメリカ合衆国の南部、ルイジアナ州ウェストキャロル郡の南端、バイユー・メコンと呼ばれる川の河畔にあるマウンド遺跡である。ポヴァティ・ポイントは、5つの土塁群、同心円状に6列並ぶ八角形の土塁群、それに中央プラザからなる考古学遺跡で、紀元前3700年～紀元前3100年に、狩猟採集民族のインディアンによって、居住と儀式を目的に造られた。北米では最大級のインディアン遺跡であり、ミシシッピ川の下流の盆地を地盤に繁栄したポバティ・ポイント文化の中心で、アメリカ最初の都市とも呼ばれており、槍先、石製ナイフ、石錐、石斧、石製容器、パイプなどの遺物を特徴とする。ポヴァティ・ポイントの名前は、19世紀に、この遺跡の近くにあったプランテーションに因むものである。1988年10月に国の史跡に指定されているが、実際にはルイジアナ州が運営管理している。

分類	遺跡
年代区分	紀元前3700年～紀元前3100年
物件所在地	ルイジアナ州ウェストキャロル郡
保護	国の史跡（1988年10月） ポヴァティ・ポイント州立公園
管理	アメリカ合衆国国立公園局 ルイジアナ州
活用	観光
見所	●5つの土塁群 ●同心円状に6列並ぶ八角形の土塁群 ●中央プラザ
脅威	侵食
参考URL	ユネスコ世界遺産センター　**http://whc.unesco.org/en/list/1435**

ポヴァティ・ポイント国定史跡

北緯32度38分13秒　西経91度24分23秒

交通アクセス　●ジャクソンから車で約90分。

サン・アントニオ・ミッションズ

登録遺産名	San Antonio Missions
遺産種別	**文化遺産**
登録基準	(ii) ある期間を通じて、または、ある文化圏において、建築、技術、記念碑的芸術、町並み計画、景観デザインの発展に関し、人類の価値の重要な交流を示すもの。とも稀な証拠となるもの。
登録年月	2015年 7月 （第39回世界遺産委員会ボン会議）
登録遺産の面積	300.8 ha（バッファー・ゾーン　2,068 ha）

登録物件の概要　サン・アントニオ・ミッションズは、アメリカ合衆国の南部、テキサス州の南部にある18世紀にフランシスコ修道会によって築かれたキリスト教伝道所群で、サン・アントニオ川流域に残るミッション・エスパダ、ミッション・サン・ファン、ミッション・サン・ホセ、ミッション・コンセプチオン、ミッション・ヴァレッロの5件の伝道所跡と、ここから南に37kmの所にあるこのミッションの牧場であるランチョ・デ・ラス・カブラスの6つの構成遺産からなる。スペイン人の入植者とコアウィルテカ文化の交流の例証である。ミッション・サン・ホセは、数あるミッションの中でも最も裕福で、最盛期には、300人もの人々がそこに暮らしていたと言われ、現在は穀物倉庫と製粉所が復元されており、ビジターセンターもある。ミッション・サン・ファンにある礼拝堂および鐘楼は今でも使用され、ミッション・エスパダの灌漑用水路は、今も一部は水路とダムで機能している。サン・アントニオ・ミッションズは、1978年に国立歴史公園に指定され1983年に開園した。

分類	遺跡群
年代区分	18世紀
物件所在地	テキサス州ベア郡サンアントニオ市、ウィルソン郡ミッション・エスパーダ
構成資産	6（ミッション・エスパダ、ミッション・サン・ファン、ミッション・サン・ホセ、ミッション・コンセプチオン、ミッション・ヴァレッロ（通称：ミッション・アラモ）、ランチョ・デ・ラス・カブラス）
保護	サン・アントニオ・ミッションズ国立歴史公園
管理	アメリカ合衆国国立公園局（National Park Service, NPS）テキサス・ジェネラル・ランド・オフィス（Texas General Land Office）
活用	観光
見所	●ミッション・コンセプチオンの教会の壁と天井の絵画 ●ミッション・サン・ホセの復元された穀物倉庫と製粉所。 ●ミッション・サン・ファンの礼拝堂および鐘楼。 ●ミッション・エスパダの灌漑用水路。 ●ビジターセンター　ミッション・サン・ホセ
参考URL	ユネスコ世界遺産センター　**http://whc.unesco.org/en/list/1466**

サン・アントニオ・ミッションズ公園内にあるミッション・コンセプシオン

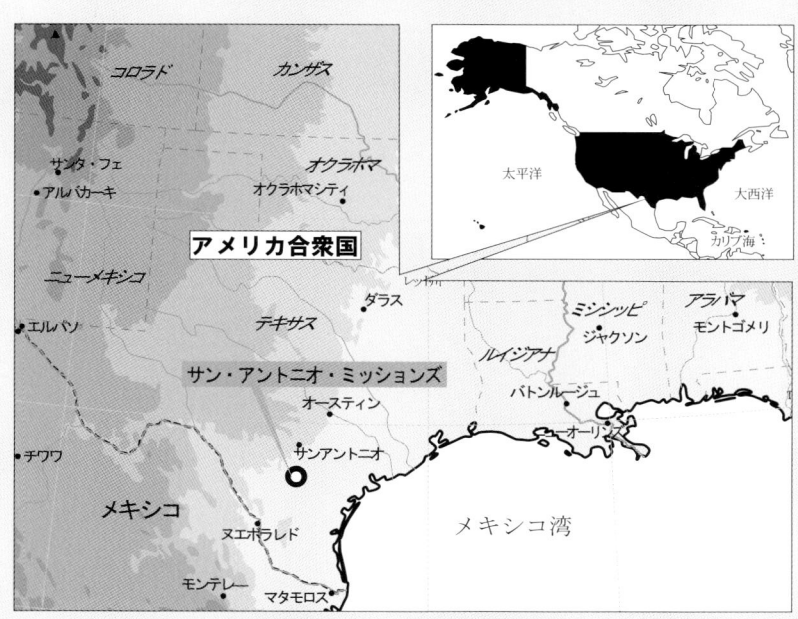

北緯36度28分8秒　西経105度33分37秒

交通アクセス　●ミッション・ヴァレッロ（通称：ミッション・アラモ）へは、サン・アントニオ
　　　　　　　　のトロリー（赤/青）アラモ（ALAMO）停留所下車すぐ。
　　　　　　　　無料のガイドツアーあり。

アメリカ合衆国の世界遺産暫定リスト記載物件

バージニア州アレクサンドリアにあるマウント・バーノン（Mount Vernon）
建国の父ジョージ・ワシントン初代大統領のゆかりの地

◆公民権運動の地（Civil Rights Movement Sites）（2008 年）
　アラバマ州バーミンガムにあるアフリカ系アメリカ人公民権運動
　（公民権の適用と人種差別の解消を求めて行った大衆運動）ゆかりの地。

◆デイトン航空遺産（Dayton Aviation Sites）（2008 年）
　オハイオ州デイトン市内及び周辺にあるデイトン航空遺産国立歴史公園は
　ライト兄弟とポール・ローレンス・ダンバーを記念してつくられた。

◆ホープウェル儀式の土塁（Hopewell Ceremonial Earthworks）（2008 年）
　オハイオ州にあるホープウェルの円墳群は、土塁で周囲を取り囲まれ、
　集落跡はその外側に見つかっている。

◆トーマス・ジェファーソンの建造物群（Thomas Jefferson Buildings）（2008 年）
　バージニア州にあるトーマス・ジェファーソン（1743 年〜1826 年）ゆかりの建造物群。

◆マウント・バーノン（Mount Vernon）（2008 年）
　バージニア州アレクサンドリア近くにあるアメリカ合衆国初代大統領ジョージ・ワシントンの
　プランテーションがあった所。

◆サーペント・マウンド（Serpent Mound）（2008 年）
　オハイオ州アダムス郡ブルシュ・クリーク河谷にある形象墳。

◆フランク・ロイド・ライトの建造物群（Frank Lloyd Wright Buildings）（2008 年）
　近代建築の三大巨匠の一人フランク・ロイド・ライトの建築作品群。

◇オキフェノーキー湿地国立野生生物保護区
　（Okefenokee National Wildlife Refuge）（2008 年）
　ジョージア州南東部とフロリダ州北部に広がるオーキフェノーキー湿地帯。
　皿状の凹地で、湿原、ハンモックと呼ばれる小さな島々などからなる野生動物保護区。

◇化石の森国立公園（Petrified Forest National Park）（2008 年）
　アリゾナ州北東部の国立公園で、世界最大で最も色彩豊かな珪化木の集積の 1 つが目玉。

◇ホワイト・サンズ国定記念物（White Sands National Monument）（2008 年）
　ニューメキシコ州オテロ郡アラモゴードの南西約 25 km、標高約 1,200 m にある白い大砂丘地帯。

◇ビッグ・ベンド国立公園〔Big Bend National Park〕（2017 年）
　テキサス州にある国立公園。

◆ブルックリン橋（Brooklyn Bridge）（2017 年）
　ニューヨーク市のイースト川をまたぐマンハッタンとブルックリンとを結ぶ橋。

◇カリフォルニア海流保全地域
〈California Current Conservation Complex〉 (2017 年)

◆セントラル・パーク 〈Central Park〉 (2017 年)
　ニューヨーク市のマンハッタンにある都市公園。

◆シカゴの初期の超高層ビル 〈Early Chicago Skyscrapers〉 (2017 年)

◆エリス島 〈Ellis Island〉 (2017 年)
　ニューヨーク湾内にある島で、アメリカ合衆国移民局が置かれていた。

◇マリアナ海溝海洋ナショナル・モニュメント
　〈Marianas Trench Marine National Monument〉 (2017 年)

◇アメリカ領サモアの海洋保護地域
　〈Marine Protected Areas of American Samoa〉 (2017 年)

◆モラヴィア教会の入植地 〈Moravian Church Settlements〉 (2017 年)

◇太平洋離島群海洋ナショナル・モニュメント
　〈Pacific Remote Islands Marine National Monument〉 (2017 年)

アメリカ合衆国の世界遺産暫定リスト記載物件

マンハッタンとブルックリンとを結ぶブルックリン橋は、アメリカで最も古い吊り橋の
ひとつであり、同時に鋼鉄のワイヤーを使った世界初の吊り端である。

世界の記憶　キーワード

- Academy ofCertified Archivists（略称ACA）　民間非営利団体有資格アーキビストアカデミー
- Accessibility アクセス可能性
- Access Management Plan アクセス管理計画
- Association of Moving Image Archivists（略称AMIA）　映像アーキビスト協会
- Association of Recorded Sound Collections（略称ARSC）　アメリカ録音収蔵協会
- Authenticity　真正性
- Bibliography　参考文献
- Catalogue　目録
- Conservation　保全
- Copyright　著作権
- Custodian of the documentary heritage　記録物の管理者
- Documentary Heritage　記録遺産
- Expert knowledge　専門知識
- Form and style　記録形態
- Integrity 完全性
- Intergovernmental Organization（略称IGO）　政府間組織
- International Advisory Committee（略称IAC）　国際諮問委員会
- International Centre for Conservation in Rome（略称ICCROM）　文化財保存修復研究国際センター
- International Center for Documentary Heritage（略称ICDH）　国際記録遺産センター
- International Council on Archives（略称ICA）　国際公文書館会議
- International Council of Museums（略称ICOM）　国際博物館会議
- International Federation of Film Archives（略称FIAF）　国際フィルム・アーカイヴ連盟
- International Federation of Library Associations and Institutions（略称IFLA）　国際図書館連盟
- International Federation for Documentation（略称FID）　国際ドキュメンテーション連盟
- International Institute for Conservation of Historic and Artistic Works（略称IIC）　文化財保存国際研究所
- International Organization　国際機関
- Legal status　法的状況
- Management Plan　管理計画
- Modern　Archives Institute　近代アーカイブズ学院
- Memory of the World　世界の記憶
- National Archives and Records Administrations（略称NARA）　公文書記録管理局
- Non-Government Organisation（略称NGO）　非政府組織
- Preservation　保存
- Private Foundation　民間財団
- Provenance　起源、由来、出所
- Rarity　希少性
- Society of American Archivists アメリカアーキビスト協会
- Subject and theme 題材・テーマ
- Threat　脅威
- United Nations Educational, Scientific and Cultural Organization（略称UNESCO）　国連教育科学文化機関
- United States Code 合衆国法律集
- Unique and Irreplaceable 独自性と非代替性
- Washington National Records Center　ワシントン記録保存センター
- Work　作品
- World Digital Library(略称WDL)　世界電子図書館
- World Significance　世界的な重要性

アメリカ合衆国の「世界の記憶」

「シェイクスピアの文書類」、ウイリアム・シェイクスピアの生涯の文書の足跡
（The 'Shakespeare Documents', a documentary trail of the life of William Shakespeare）
2017年登録（アメリカ合衆国／英国）

＜写真＞ワシントンD.Cにあるシェークスピア関係の書籍が所蔵されているフォルジャー・シェークスピア・ライブラリー。

スタンダード石油の会長を務め、生涯を通じてシェークスピア関係の稀覯（きこう）本の収集家であったヘンリー・クレイ・フォルジャー
（Henry Clay Folger 1857〜1930年）によって図書館創設が着手され、彼の死後1932年に完成、建物、図書ともどもアメリカ合衆国政府
に寄贈された。

❶プトレマイオスの慣例に習いアメリゴ・ヴェスプッチ＊の探検を組み入れた世界地図
（Universalis cosmographia secundum Ptholomaei traditionem et Americi Vespucii aliorumque Lustrationes）
2005年登録　＊1454～1512年　アメリカを探検したイタリアの探検家にして商人
アメリカ合衆国／ドイツ
＜所蔵機関＞米国議会図書館（ワシントンD.C.）

❷メトロ・ゴールドウィン・メイヤー＊によって制作されたオズの魔法使
（ヴィクター・フレミング 1939）
（The Wizard of Oz（Victor Fleming 1939），produced by Metro-Goldwyn-Mayer）
2007年登録　＊アメリカの主に映画やテレビ番組の製作・供給を行う巨大マスメディア企業
＜所蔵機関＞米国ジョージ・イーストマン・ハウス国際写真映画博物館（ニューヨーク）

❸ジョン・マーシャル＊のズール・ホアン・ブッシュマンの映画とビデオ集 1950～2000年
（John Marshall Ju/'hoan Bushman Film and Video Collection, 1950-2000）
2009年登録　＊1932～2005年　映像作家、人類学者
＜所蔵機関＞米国 スミソニアン協会人間学フィルムアーカイヴ（メリーランド州スーツランド）

❹シルバー・メン：パナマ運河における西インド諸島労働者の記録
（Silver Men: West Indian Labourers at the Panama Canal）
2011年登録
英国／バルバドス／ジャマイカ／パナマ／セントルシア／アメリカ合衆国
＜所蔵機関＞アメリカ国立公文書館記録管理局（ワシントンD.C.）

❺オランダの西インド会社の記録文書
（Dutch West India Company（Westindische Compagnie）Archives）
2011年登録
ガーナ／英国／オランダ／アメリカ合衆国／オランダ領アンティル／ブラジル／ガイアナ／
スリナム
＜所蔵機関＞アメリカ国立公文書館（ニューヨーク）

❻ランドサット衛星計画の記録：複数スペクトル・スキャナー(MSS)の感知器
（Landsat Program records: Multispectral Scanner（MSS）sensors）
2011年登録
＜所蔵機関＞アメリカ地質調査所（ヴァージニア州レストン）

❼エレノア・ルーズベルト＊文書プロジェクトの常設展
（Permanent Collection of the Eleanor Roosevelt Papers Project）
2013年登録　＊1884～1962年　アメリカ合衆国第32代大統領フランクリン・ルーズベルトの夫人、
　　　　　　　婦人運動家、文筆家
＜所蔵機関＞エレノア・ルーズベルト文書プロジェクト事務所（ニューヨーク）
　　　　　　　フランクリンD・ルーズベルト大統領図書館（ニューヨーク）

アメリカ合衆国の「世界の記憶」

8 スミソニアン協会フォークライフ・文化遺産センター所蔵のモーゼス・フランセス・アッシュ＊・
コレクション

（Moses and Frances Asch Collection. Center for Folklife and Cultural Heritage, Smithsonian Institution）

2015年登録　＊モーゼス・アッシュ（1905～1986年）米フォークウェイズ創始者

＜所蔵機関＞スミソニアン協会フォークライフ・文化遺産センター・ラルフ・リンツラー・フォーク
ライフ・アーカイヴス・コレクション（ワシントンD.C.）

9 アレッタ・H・ジェイコブス＊の論文（Aletta H. Jacobs Papers）

2015年登録　＊1854～1929年　オランダ初の女性医師、女性参政権の活動家

＜所蔵機関＞アトリア、ジェンダー平等・女性史研究所（オランダ・アムステルダム）

10 「シェイクスピアの文書類」、ウイリアム・シェイクスピア＊の生涯の文書の足跡

（The 'Shakespeare Documents', a documentary trail of the life of William Shakespeare）

2017年登録　＊1564～1616年　劇作家、詩人

＜所蔵機関＞シェイクスピア・バースプレイス・トラスト
（英国ウォリックシャー州ストラトフォード・アポン・エイヴォン）
英国国立公文書館(英国サリー)
フォルジャー・シェークスピア・ライブラリー（アメリカ合衆国ワシントンD. C.）
ウォリックシャー州公文書・考古学サービス(英国ウォリックシャー)
紋章院(英国ロンドン)
大英図書館(英国ロンドン)
ロンドン市公文書館(英国ロンドン)

11 ヴィラ・オカンポ＊文書センター（The Villa Ocampo Documentation Center）

2017年登録　＊ヴィクトリア・オカンポ（Victoria Ocampo）1890～1979年　著作家

＜所蔵機関＞ユネスコ・オカンポ邸（アルゼンチン・ブエノスアイレス）
ハーバード大学ハーバード図書館（アメリカ合衆国・ケンブリッジ）

スミソニアン協会本部

アメリカ合衆国の「世界の記憶」

プトレマイオスの慣例に習いアメリゴ・ヴェスプッチの探検を組み入れた世界地図

準拠	メモリー・オブ・ザ・ワールド・プログラム（略称：MOW）　1992年
目的	人類の歴史的な文書や記録など、忘却してはならない貴重な記録遺産を登録し、最新のデジタル技術などで保存し、広く公開する。
登録遺産名	プトレマイオスの慣例に習いアメリゴ・ヴェスプッチの探検を組み入れた世界地図 Universalis cosmographia secundum Ptholomaei traditionem et Americi Vespucii aliorumque Lustrationes

世界記憶遺産リストへの登録年月　2005年

登録国　　アメリカ合衆国／ドイツ

登録遺産の概要　「ヴァルトゼーミュラーの世界図」は、ドイツの地図製作者のマルティーン・ヴァルトゼーミュラー（1475年頃～1521年頃）によって、1507年に印刷されたもので、ドイツのワルトブルク・ヴォルフエッグ・ヴァルトゼー侯図書館が所蔵していたが、2003年に米国議会図書館（ワシントンD.C.）に移管され所蔵されている。

　この地図は、古代ローマの天文学・地理学者、プトレマイオス（生没年不明）の例に倣って、経緯度を正確に表した最初の地図の一つで、初めて「アメリカ」という名称が用いられた地図である。北アメリカ大陸と南アメリカ大陸が、二つの巨大な大陸として描かれており、また、「アメリカ」という名称が南アメリカ大陸上に記されているため、この地図がアメリカという名称を使用した最初の地図であることが知られるようになった。

　彼が著した「宇宙誌入門」でも説明されているように、この「アメリカ」という名称は、1497年にアメリカ大陸に渡航したとされるイタリアの商人・航海者のアメリゴ・ヴェスプッチ（1451/54～1512年）の栄誉を称えて授けられたもので、新大陸の命名の起源となった。

　この地図は46×62cm（18×24.5インチ）の大きさで、木版で印刷された12枚の区画から成り立っている。当時、出版された1000枚を数える複写の中で、この地図が現存する唯一の複製であることから、2005年に世界記憶遺産に登録された。。

分類	地図
選定基準	○真正性（Authenticity）、複写、模写、偽造品ではない ○独自性と非代替性（Unique and Irreplaceable） ○年代、場所、人物、題材・テーマ、形式・様式 ○希少性（Rarity） ○完全性（integrity） ○脅威（Threat） ○管理計画（Management Plan）
所蔵機関	米国議会図書館（ワシントンD.C.）
参考URL	**http://www.unesco.org/new/en/communication-and-information/memory-of-the-world/register/full-list-of-registered-heritage/registered-heritage-page-9/universalis-cosmographia-se-cundum-ptholomaei-traditionem-et-americi-vespucii-aliorumque-lustrations/#c191852**

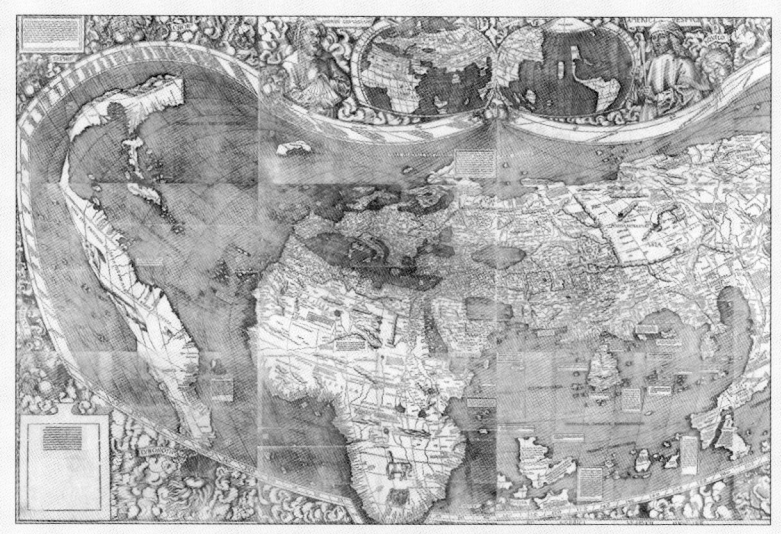

アメリゴ・ヴェスプッチの名が新大陸の命名機嫌となった世界地図

アメリカ合衆国の「世界の記憶」

交通アクセス　●メトロ（ブルー・オレンジ・シルバー）キャピトル・サウス駅下車、2ブロック北。米国国会議事堂の東。

メトロ・ゴールドウィン・メイヤーによって制作されたオズの魔法使（ヴィクター・フレミング 1939）

準拠	メモリー・オブ・ザ・ワールド・プログラム（略称：MOW） 1992年
目的	人類の歴史的な文書や記録など、忘却してはならない貴重な記録遺産を登録し、最新のデジタル技術などで保存し、広く公開する。
登録遺産名	メトロ・ゴールドウィン・メイヤーによって制作されたオズの魔法使（ヴィクター・フレミング 1939） The Wizard of Oz（Victor Fleming 1939），produced by Metro-Goldwyn-Mayer

世界記憶遺産リストへの登録年月 2007年

登録遺産の概要 オズの魔法使は、ライマン・フランク・ボーム（1856～1919年）が発表した児童文学小説を原作として1939年に制作されたファンタジー・ミュージカル映画である。

メトロ・ゴールドウィン・メイヤー（MGM）は、主に映画やテレビ番組の制作・供給を行うアメリカの巨大マスメディア企業で、第二次世界大戦が勃発し、混乱した世界情勢の中、この映画を制作し好評を得た。

州に住む少女ドロシーは、竜巻に巻き込まれ「オズの国」に迷い込み、家へ戻りたいという願いを叶えてもらうために魔法使いのオズに会いに行く。途中、脳のない案山子、心のないブリキ男、臆病なライオンと出会い、共に困難に立ち向かい旅をするというストーリーで、親切、慈善、友情、勇気、不屈の精神、恋愛、寛容をテーマにしている。

「オズの魔法使」は、いくつかの映画作品が制作されたが、MGMのそれは、カンザスの物語をモノクロ、オズの国をカラーで描く演出、ドロシー役のジュディ・ガーランドはじめ、豪華キャスト陣、現在も歌い継がれている「虹の彼方に」の挿入歌などによって、世界中で広く公開、鑑賞された。

後の映画制作に影響を与え、その功績が評価され、1939年のオリジナルネガ、場面ごとのモノクロ保存ネガ、サウンドトラックが2007年に世界記憶遺産に登録された。

現在は、ニューヨークの米国ジョージ・イーストマン・ハウス国際写真映画博物館に所蔵されている。

分類	映画
選定基準	○真正性（Authenticity）、複写、模写、偽造品ではない ○独自性と非代替性（Unique and Irreplaceable） ○年代、場所、人物、題材・テーマ、形式・様式 ○希少性（Rarity） ○完全性（integrity） ○脅威（Threat） ○管理計画（Management Plan）
所蔵機関	米国ジョージ・イーストマン・ハウス国際写真映画博物館（ニューヨーク）
参考URL	**http://www.unesco.org/new/en/communication-and-information/memory-of-the-world/register/full-list-of-registered-heritage/registered-heritage-page-8/the-wizard-of-oz-victor-flem-ing-1939-produced-by-metro-goldwyn-mayer/#c188264**

ジョージ・イーストマン・ハウス国際写真映画博物館

アメリカ合衆国の「世界の記憶」

交通アクセス　●ジョージ・イーストマン・ミュージアムへは、ニューヨークのグレーター・
　　　　　　　　ロチェスター国際空港から10マイル。

シルバー・メン：
パナマ運河における西インド諸島労働者の記録

準拠	メモリー・オブ・ザ・ワールド・プログラム（略称：MOW）　1992年
目的	人類の歴史的な文書や記録など、忘却してはならない貴重な記録遺産を登録し、最新のデジタル技術などで保存し、広く公開する。
登録遺産名	**シルバー・メン：パナマ運河における西インド諸島労働者の記録** John Marshall Ju/'hoan Bushman Film and Video Collection, 1950-2000）

世界記憶遺産リストへの登録年月　2011年

登録国	アメリカ合衆国／英国／バルバドス／ジャマイカ／パナマ／セントルシア／ドイツ

登録遺産の概要　パナマ運河とは、パナマ共和国のパナマ地峡を横断して大西洋と太平洋を結ぶ運河で、カリブ海岸のコロンから人造湖ガツン湖を経て太平洋岸のバルボアに通じている。

19世紀半ばから運河の建設計画が始まり、1914年に開通するまでの間、運河建設に携わるために、英領西インド諸島の国々からは10万人以上が家族を伴ってパナマへと移住し、そのまま新たな地で生活を始めた。これらの地域の労働者たちは、職長としての管理職の地位を与えられたアメリカ市民に対して、シルバーメンと呼ばれていた。

移住する大量の労働者に、英国の植民地政府は、自分たちの既得権が脅かされることを感じ、管理、抑制を余儀なくされた。現地では、移住を食い止めようと労働環境を改善したり権利を与えたりの努力を試みたが、管理体制は崩れようとしていた。また、パナマ側では、移住してきた労働者を管理する必要性にも迫られており、対応に追われ、移住者登録簿や数々の報告書などが作成された。

パナマ運河での労働者の記録は、パナマ運河建設の工程を記録した文書、公文書などをはじめ、様々な機関が報告した移民とそれらの状況の記録、人々の生活の記録などからなる。特に、1838年の奴隷制度廃止以降、自主的に移住し生活を始めた人々の記録は、世界的にも大きな影響を与えたことから、2011年にパナマ、バルバドス、ジャマイカ、セント・ルシア、英国、アメリカ合衆国の6か国共同で世界記憶遺産に登録され、パナマ運河博物館などに保存されている。

分類	文書、写真
選定基準	○真正性（Authenticity）、複写、模写、偽造品ではない ○独自性と非代替性（Unique and Irreplaceable） ○年代、場所、人物、題材・テーマ、形式・様式 ○希少性（Rarity） ○完全性（integrity） ○脅威（Threat） ○管理計画（Management Plan）
所蔵機関	アメリカ国立公文書館記録管理局（ワシントンD.C.） フロリダ大学スマーザズ図書館（フロリダ州ゲインズビル）
参考URL	**http://www.unesco.org/new/en/communication-and-information/memory-of-the-world/register/full-list-of-registered-heritage/registered-heritage-page-8/silver-men-west-indian-labourers-at-the-panama-canal/#c200799**

パナマ運河工事に携わる労働者（パナマ運河博物館提供）

アメリカ合衆国の「世界の記憶」

交通アクセス　●アメリカ国立公文書館へは、ワシントンD.Cメトロ（イエロー・グリーン）
Ardivesl Navy Memorial駅下車

エレノア・ルーズベルト文書プロジェクトの常設展

準拠	メモリー・オブ・ザ・ワールド・プログラム（略称：MOW）　1992年
目的	人類の歴史的な文書や記録など、忘却してはならない貴重な記録遺産を登録し、最新のデジタル技術などで保存し、広く公開する。

登録遺産名　エレノア・ルーズベルト文書プロジェクトの常設展
Permanent Collection of the Eleanor Roosevelt Papers Project

世界記憶遺産リストへの登録年月　2013年

登録遺産の概要　エレノア・ルーズベルト（1884〜1962年）は、アメリカ合衆国第32代大統領フランクリン・ルーズベルト（1882〜1945年）の夫人である。彼女は、人種差別に反対し、また、世界中の人々の人権を守るために活躍したことで知られている。エレノア・ルーズベルト文書プロジェクトは、ワシントンD.C.にあるジョージ・ワシントン大学歴史学部の研究センターでが進めるもので、1945年から1953年までの国連総会のアメリカの代表、1946年から1951年までの国際連合人権委員会（2006年6月に国際連合人権理事会に移行）の委員長、1948年12月に国連総会で採択された世界人権宣言の起草者であった彼女の功績を保護・活用するため、その著作、談話、それに、視聴覚記録を常設展として集積している。エレノア・ルーズベルト文書プロジェクトの常設展は、20世紀の重要な記録として世界記憶遺産に含める価値があり、アメリカ合衆国ユネスコ国内委員会が登録推薦し、2013年に登録された。エレノア・ルーズベルトに関わる資料は、ワシントンD.C.にあるエレノア・ルーズベルト文書プロジェクト事務所に所蔵されている。

分類	文書
選定基準	○真正性（Authenticity）、複写、模写、偽造品ではない ○独自性と非代替性（Unique and Irreplaceable） ○年代、場所、人物、題材・テーマ、形式・様式 ○希少性（Rarity） ○完全性（integrity） ○脅威（Threat） ○管理計画（Management Plan）
所蔵機関	エレノア・ルーズベルト文書プロジェクト事務所（ワシントンD.C.）
参考URL	**http://www.unesco.org/new/en/communication-and-information/memory-of-the-world/register/full-list-of-registered-heritage/registered-heritage-page-7/permanent-collection-of-the-eleanor-roosevelt-papers-project/**

世界人権宣言の起草に携わったエレノア・ルーズベルト

スミソニアン協会フォークライフ・文化遺産センター所蔵の モーゼス・フランセス・アッシュ・コレクション

準拠	メモリー・オブ・ザ・ワールド・プログラム（略称：MOW） 1992年
目的	人類の歴史的な文書や記録など、忘却してはならない貴重な記録遺産を登録し、最新のデジタル技術などで保存し、広く公開する。
登録遺産名	**スミソニアン協会フォークライフ・文化遺産センター所蔵の モーゼス・フランセス・アッシュ・コレクション** Moses and Frances Asch Collection. Center for Folklife and Cultural Heritage, Smithsonian Institution

世界記憶遺産リストへの登録年月 2015年

登録遺産の概要 モーゼス・フランセス・アッシュ・コレクションは、モーゼス・アッシュ（1905～1986年）が妻フランセスと共に集めた作家、詩人、ドキュメンタリー作家、民族誌学者、それに、世界中からの草の根の音楽家の作品集である。

親しみを込めてモーと呼ばれるアッシュは、1948年、フォークウェイズ・レコードを創立、亡くなるまでの38年間に知名度の有無を問わず様々なジャンルの芸術家を発掘し、作品を蒐集、20世紀において最も影響力のあるレコード・レーベルのひとつとなった。

「フォーク・ソングの父」と呼ばれ、ボブ・ディランなどにも大きな影響を与えたウディ・ガスリー（1912～1967年）をはじめ、フォーク＆ブルース歌手のレッドベリー、現代音楽家ジョン・ケージ、フォーク歌手ピート・シーガーなどの2,168作品が、現在はアメリカ国営スミソニアン博物館の傘下に置かれた非営利レコード・レーベルとなって、スミソニアン協会フォークライフ・文化遺産センターに所蔵されている。

多様な記録、視聴覚、通信文、歌詞、図面、それに、著作物などから構成され、ウディ・ガスリーの遺稿も含んでいる。

「音の百科事典」を代表する使命をもったこのコレクションは、20世紀の広くて深いユニークな遺言ともいえることから、2015年に世界記憶遺産に登録された。

分類	文書、図面、レコード
選定基準	○真正性（Authenticity）、複写、模写、偽造品ではない ○独自性と非代替性（Unique and Irreplaceable） ○年代、場所、人物、題材・テーマ、形式・様式 ○希少性（Rarity） ○完全性（integrity） ○脅威（Threat） ○管理計画（Management Plan）
所蔵機関	スミソニアン協会フォークライフ・文化遺産センター・ラルフ・リンツラー・フォークライフ・アーカイヴス・コレクション（ワシントンD.C.）
参考URL	**http://www.unesco.org/new/en/communication-and-information/memory-of-the-world/register/full-list-of-registered-heritage/registered-heritage-page-5/moses-and-frances-asch-collection-center-for-folklife-and-cultural-heritage-smithsonian-institution/**

ウディ・ガスリーのレコードジャケット

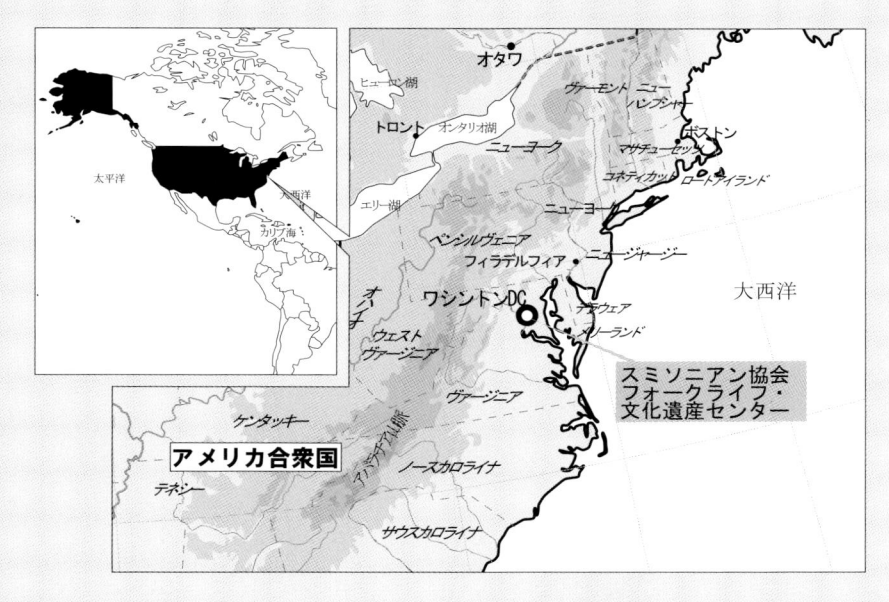

交通アクセス　　●メトロ（ブルー・オレンジ・イエロー・グリーン）ランファン・プラザ駅下車

アメリカ合衆国の歴代大統領

初代	ジョージ・ワシントン	George Washington	任期: 1789〜97年
第2代	ジョン・アダムズ	John Adams	任期: 1797〜1801年
第3代	トーマス・ジェファーソン	Thomas Jefferson	任期: 1801〜09年
第4代	ジェームズ・マディソン	James Madison	任期: 1809〜17年
第5代	ジェームズ・モンロー	James Monroe	任期: 1817〜25年
第6代	ジョン・クィンシー・アダムズ	John Quincy Adams	任期: 1825〜29年
第7代	アンドリュー・ジャクソン	Andrew Jackson	任期: 1829〜37年
第8代	マーティン・ヴァン・ビューレン	Martin Van Buren	任期: 1837〜41年
第9代	ウィリアム・ハリソン	William Henry Harrison	任期: 1841年（3/4〜4/4）
第10代	ジョン・タイラー	John Tyler	任期: 1841〜45年
第11代	ジェームズ・ポーク	James Knox Polk	任期: 1845〜49年
第12代	ザカリー・テイラー	Zachary Taylor	任期: 1849〜50年
第13代	ミラード・フィルモア	Millard Fillmore	任期: 1850〜53年
第14代	フランクリン・ピアース	Franklin Pierce	任期: 1853〜57年
第15代	ジェームズ・ブキャナン	James Buchanan	任期: 1857〜61年
第16代	エイブラハム・リンカーン	Abraham Lincoln	任期: 1861〜65年
第17代	アンドリュー・ジョンソン	Andrew Johnson	任期: 1865〜69年
第18代	ユリシーズ・グラント	Ulysses Simpson Grant	任期: 1869〜77年
第19代	ラザフォード・ヘイズ	Rutherford Birchard Hayes	任期: 1877〜81年
第20代	ジェームズ・ガーフィールド	James Abram Garfield	任期: 1881年
第21代	チェスター・A・アーサー	Chester Alan Arthur	任期: 1881〜85年
第22代	グロバー・クリーブランド	Stephen Grover Cleveland	任期: 1885〜89年
第23代	ベンジャミン・ハリソン	Benjamin Harrison	任期: 1889〜93年
第24代	グロバー・クリーブランド	Stephen Grover Cleveland	任期: 1893〜97年
第25代	ウィリアム・マッキンリー	William McKinley	任期: 1897〜1901年
第26代	セオドア・ルーズベルト	Theodore Roosevelt	任期: 1901〜09年
第27代	ウィリアム・タフト	William Howard Taft	任期: 1909〜13年
第28代	ウッドロウ・ウィルソン	Thomas Woodrow Wilson	任期: 1913〜21年
第29代	ウォレン・ハーディング	Warren Gamaliel Harding	任期: 1921〜23年
第30代	カルビン・クーリッジ	Calvin Coolidge	任期: 1923〜29年
第31代	ハーバート・フーヴァー	Herbert Clark Hoover	任期: 1929〜33年
第32代	フランクリン・ルーズベルト	Franklin Delano Roosevelt	任期: 1933〜45年
第33代	ハリー・S・トルーマン	Harry S. Truman	任期: 1945〜53年
第34代	ドワイト・D・アイゼンハワー	Dwight David Eisenhower	任期: 1953〜61年
第35代	ジョン・F・ケネディ	John Fitzgerald Kennedy	任期: 1961〜63年
第36代	リンドン・ジョンソン	Lyndon Baines Johnson	任期: 1963〜69年
第37代	リチャード・ニクソン	Richard Milhouse Nixon	任期: 1969〜74年
第38代	ジェラルド・R・フォード	Gerald Rudolph Ford Jr.	任期: 1974〜77年
第39代	ジミー・カーター	James "Jimmy" Earl Carter, Jr.	任期: 1977〜81年
第40代	ロナルド・レーガン	Ronald Wilson Reagan	任期: 1981〜89年
第41代	ジョージ・H・W・ブッシュ	George Herbert Walker Bush	任期: 1989〜93年
第42代	ビル・クリントン	William Jefferson Clinton	任期: 1993〜2001年
第43代	ジョージ・W・ブッシュ	George Walker Bush	任期: 2001〜2009年
第44代	バラク・オバマ	Barack Hussein Obama II	任期: 2009〜2017年
第45代	ドナルド・トランプ	Donald John Trump	任期: 2017〜現職

備　考

**スミソニアン協会によって運営されているスミソニアン博物館群のひとつである
国立アメリカ歴史博物館**

〈The National Museum of American History〉

世界遺産、世界無形文化遺産、世界の記憶の違い

	世 界 遺 産	世界無形文化遺産	世界の記憶
準 拠	世界の文化遺産および自然遺産の保護に関する条約（略称 : 世界遺産条約）	無形文化遺産の保護に関する条約（略称：無形文化遺産保護条約）	メモリー・オブ・ザ・ワールド・プログラム（略称：MOW）＊条約ではない
採択・開始	1972年	2003年	1992年
目 的	かけがえのない遺産をあらゆる脅威や危険から守る為に、その重要性を広く世界に呼びかけ、保護・保全の為の国際協力を推進する。	グローバル化により失われつつある多様な文化を守るため、無形文化遺産尊重の意識を向上させ、その保護に関する国際協力を促進する。	人類の歴史的な文書や記録など、忘却してはならない貴重な記録遺産を登録し、最新のデジタル技術などで保存し、広く公開する。
対 象	有形の不動産（文化遺産、自然遺産）	文化の表現形態・口承及び表現・芸能・社会的慣習、儀式及び祭礼行事・自然及び万物に関する知識及び慣習・伝統工芸技術	・文書類（手稿、写本、書籍等）・非文書類（映画、音楽、地図等）・視聴覚類（映画、写真、ディスク等）・その他　記念碑、碑文など
登録申請	各締約国（193か国）2018年1月現在	各締約国（175か国）2018年1月現在	国、地方自治体、団体、個人など
審議機関	世界遺産委員会（委員国21か国）	無形文化遺産委員会（委員国24か国）	ユネスコ事務局長↑国際諮問委員会
審査評価機関	NGOの専門機関（ICOMOS, ICCROM, IUCN）	無形文化遺産委員会の評価機関	国際諮問委員会の補助機関　登録分科会専門機関
	現地調査と書類審査	6つの専門機関と6人の専門家で構成	(IFLA, ICA, ICAAA, ICOM などのNGO)
リスト	世界遺産リスト　　（1073件）	人類の無形文化遺産の代表的なリスト（略称：代表リスト）（399件）	世界の記憶リスト　　（427件）
登録基準	必要条件　：10の基準のうち、1つ以上を完全に満たすこと。	必要条件　：5つの基準を全て満たすこと。	必要条件：5つの基準のうち、1つ以上の世界的な重要性を満たすこと。
	顕著な普遍的価値	コミュニティへの社会的な役割と文化的な意味	世界史上重要な文書や記録
危機リスト	危機にさらされている世界遺産リスト（略称：危機遺産リスト）（54件）	緊急に保護する必要がある無形文化遺産のリスト（略称：緊急保護リスト）（52件）	―
基 金	世界遺産基金	無形文化遺産保護基金	世界の記憶基金
事務局	ユネスコ世界遺産センター	ユネスコ文化局無形遺産課	ユネスコ情報・コミュニケーション局知識社会部ユニバーサルアクセス・保存課
指 針	オペレーショナル・ガイドラインズ（世界遺産条約履行の為の作業指針）	オペレーショナル・ディレクティブス（無形文化遺産保護条約履行の為の運用指示書）	ジェネラル・ガイドラインズ（記録遺産保護の為の一般指針）
日本の窓口	外務省、文化庁記念物課環境省、林野庁	外務省、文化庁伝統文化課	文部科学省日本ユネスコ国内委員会

備考

世　界　遺　産	世界無形文化遺産	世界の記憶
＜自然遺産＞ ○ キリマンジャロ国立公園（タンザニア） ○ グレート・バリア・リーフ（オーストラリア） ○ 白神山地（日本） ○ カナディアンロッキー山脈公園群（カナダ） ＜文化遺産＞ ● アンコール（カンボジア） ● タージ・マハル（インド） ● 万里の長城（中国） ● 古都京都の文化財（日本） ● 広島の平和記念碑（原爆ドーム）（日本） ● モン・サン・ミッシェルとその湾（フランス） ● アントニ・ガウディの作品群（スペイン） ● ローマの歴史地区（イタリア・ヴァチカン） ＜複合遺産＞ ◎ 黄山（中国） ◎ トンガリロ国立公園（ニュージーランド） ◎ マチュ・ピチュの歴史保護区（ペルー） 　　　　　　　　　　　　　　　など	◉ジャマ・エル・フナ広場の文化的空間 　（モロッコ） ◉ベドウィン族の文化空間（ヨルダン） ◉カンボジアの王家の舞踊（カンボジア） ◉ヴェトナムの宮廷音楽、 　　ニャー・ニャック（ヴェトナム） ◉イフガオ族のフドフド詠歌（フィリピン） ◉端午節（中国） ◉江陵端午祭（カンルンタノジュ）（韓国） ◉和食：日本の伝統的な食文化（日本） ◉日本の山・鉾・屋台行事（日本） ◉コルドバのパティオ祭り（スペイン） ◉フランスの美食（フランス） ◉ドゥブロヴニクの守護神聖ブレイズの 　祝祭（クロアチア） ◉マリアッチ、弦楽器音楽、歌、トランペット 　（メキシコ） ◉タンゴ（アルゼンチン・ウルグアイ） 　　　　　　　　　　　　　　　など	◯ 山本作兵衛コレクション（日本） ◯ アンネ・フランクの日記（オランダ） ◯ ゲーテ・シラー資料館のゲーテの 　直筆の文学作品（ドイツ） ◯ 慶長遣欧使節関係資料（日本・スペイン） ◯ ブラームスの作品集（オーストリア） ◯ フレデリック・ショパンの名曲 　（ポーランド） ◯ 朝鮮王朝実録（韓国） ◯ 1215年に調印されたマグナカルタ（英国） ◯ 人間と市民の権利の宣言（1789〜 　1791年）（フランス） ◯ ワイタンギ条約（ニュージーランド） ◯ ケルズの書（アイルランド） ◯ 解放闘争の生々しいアーカイヴ・ 　コレクション（南アフリカ） ◯ ヴァスコ・ダ・ガマのインドへの最初の 　航海史1497〜1499年（ポルトガル） 　　　　　　　　　　　　　　　など
（23件） ＜自然遺産＞ ○イエローストーン国立公園 ○エバーグレーズ国立公園 ○グランド・キャニオン国立公園 ○クルエーン／ランゲルーセントエライアス／ 　グレーシャーベイ／タッシェンシニ・アルセク ○レッドウッド国立州立公園 ○マンモスケーブ国立公園 ○オリンピック国立公園 ○グレート・スモーキー山脈国立公園 ○ヨセミテ国立公園 ○ハワイ火山群国立公園 ○カールスバッド洞窟群国立公園 ○ウォータートン・グレーシャー国際平和公園 ＜文化遺産＞ ●メサ・ヴェルデ国立公園 ●独立記念館 ●カホキア土塁州立史跡 ●プエルト・リコのラ・フォルタレサと 　サン・ファンの国立歴史地区 ●自由の女神像 ●チャコ文化 ●シャーロッツビルのモンティセロと 　ヴァージニア大学 ●タオス・プエブロ ●ポヴァティ・ポイントの記念碑的な土塁群 ●サン・アントニオ・ミッションズ ＜複合遺産＞ ◎パパハナウモクアケア	な　し（条約未締約）	（11件） ◎ プトレマイオスの慣例に習いアメリゴ・ヴェスプッチの探検を組み入れた世界地図 ◎ メトロ・ゴールドウィン・メイヤーによって制作されたオズの魔法使（ヴィクター・フレミング 1939） ◎ ジョン・マーシャルのズール・ホアン・ブッシュマンの映画とビデオ集 1950〜2000年 ◎ シルバー・メン：パナマ運河における西インド諸島労働者の記録 ◎ オランダの西インド会社の記録文書 ◎ ランドサット衛星計画の記録：複数スペクトル・スキャナー（MSS）の感知器 ◎ エレノア・ルーズベルト文書プロジェクトの常設展 ◎ スミソニアン協会フォークライフ・文化遺産センター所蔵のモーゼス・フランセス・アッシュ・コレクション ◎ アレッタ・H・ジェイコブスの論文 ◎ 「シェイクスピアの文書類」、ウイリアム・シェイクスピアの生涯の文書の足跡 ◎ オカンポ邸文書センター

代表例 / アメリカ合衆国関係 / 備考

ユネスコ遺産の合計数　登録上位国

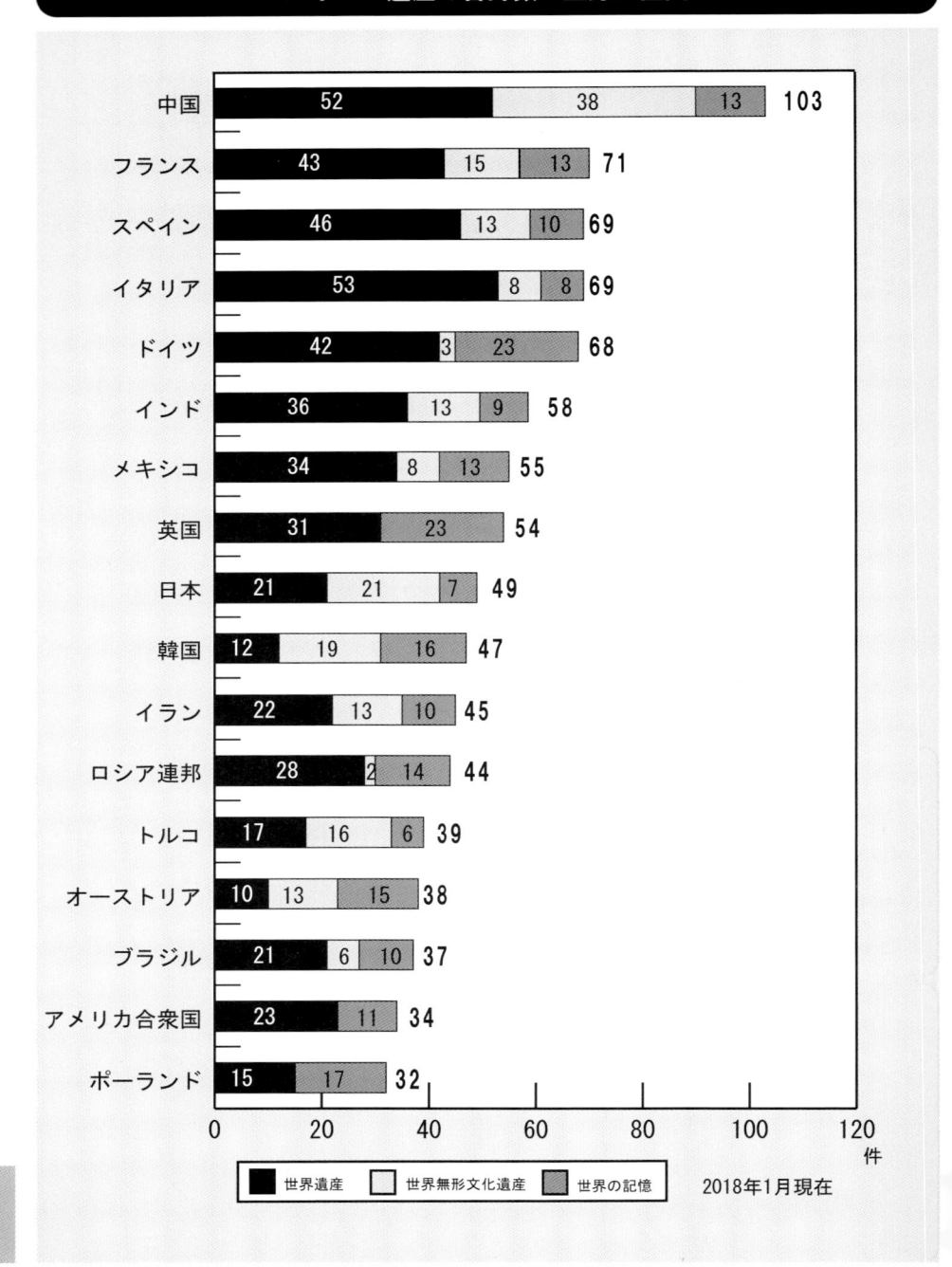

国	世界遺産	世界無形文化遺産	世界の記憶	合計
中国	52	38	13	103
フランス	43	15	13	71
スペイン	46	13	10	69
イタリア	53	8	8	69
ドイツ	42	3	23	68
インド	36	13	9	58
メキシコ	34	8	13	55
英国	31		23	54
日本	21	21	7	49
韓国	12	19	16	47
イラン	22	13	10	45
ロシア連邦	28	2	14	44
トルコ	17	16	6	39
オーストリア	10	13	15	38
ブラジル	21	6	10	37
アメリカ合衆国	23		11	34
ポーランド	15	17		32

■ 世界遺産　□ 世界無形文化遺産　■ 世界の記憶　　2018年1月現在

備考

アルゼンチンの著作家ヴィクトリア・オカンポ（1890～1979年）の文書
（「世界の記憶」2017年登録）が所蔵されている ハーバード大学ハーバード図書館
ホートン貴重書図書館（アメリカ合衆国ケンブリッジ市）

本書の作成にあたり、下記の方々に写真や資料のご提供、ご協力をいただきました。
ユネスコ世界遺産センター(ホームページ2018年1月10日現在)、アメリカ大使館、National Park Service/NPS Photo、アメリカンセンター・レファレンス資料室、Kentucky Department of Travel, ハワイ観光局、Hawaii Visitors and Convention Bureau, Institute of North American & Atlantic Colonial History, Bermuda/Keith A.Forbes, フランクリン・D・ルーズベルト大統領図書館、スミソニアン協会、スミソニアン協会フォークライフ・文化遺産センター、フォルジャー・シェークスピア・ライブラリー、ハーバード大学、シンクタンクせとうち総合研究機構／古田陽久

【表紙写真】　○自然遺産　●文化遺産　□複合遺産

（表）　（裏）

①ウォータートン・グレーシャー国際平和公園
（アメリカ合衆国／カナダ）
②ヨセミテ国立公園
③パパハナウモクアケア
④グランド・キャニオン国立公園
❺シャーロッツビルのモンティセロとヴァージニア大学
⑥エバーグレーズ国立公園
❼自由の女神像

備考

古田 陽久（ふるた・はるひさ　FURUTA Haruhisa）**世界遺産総合研究所 所長**

1951年広島県生まれ。1974年慶応義塾大学経済学部卒業、1990年シンクタンクせとうち総合研究機構を設立。アジアにおける世界遺産研究の先覚・先駆者の一人で、「世界遺産学」を提唱し、1998年世界遺産総合研究所を設置、所長兼務。世界遺産委員会や無形文化遺産委員会などにオブザーバー・ステータスで参加、三鷹国際交流協会（東京都三鷹市）での「国際理解講座」、中国杭州市での「首届中国大運河国際高峰論壇」、クルーズ船「にっぽん丸」での講演など、その活動を全国的、国際的に展開している。これまでに約60か国、約300の世界遺産地を訪問している。　現在、広島市佐伯区在住。

【専門分野】 世界遺産制度論、世界遺産論、自然遺産論、文化遺産論、危機遺産論、地域遺産論、日本の世界遺産、世界無形文化遺産、世界の記憶、世界遺産と教育、世界遺産と観光、世界遺産とまちづくり

【著書】「世界の記憶遺産60」(幻冬舎)、「世界遺産データ・ブック」、「世界無形文化遺産データ・ブック」、「世界記憶遺産データ・ブック」、「誇れる郷土データ・ブック」など多数。

【執筆】 連載「世界遺産への旅」、「世界記憶遺産の旅」、日本政策金融公庫調査月報「連載『データで見るお国柄』」、「世界遺産を活用した地域振興—『世界遺産基準』の地域づくり・まちづくり—」（月刊「地方議会人」）、中日新聞・東京新聞サンデー版「大図解危機遺産」、「現代用語の基礎知識2009」（自由国民社) 世の中ペディア「世界遺産」など多数。

【テレビ出演歴】 TBSテレビ「ひるおび」、「NEWS23」、「Nスタニュース」、テレビ朝日「モーニングバード」、「やじうまテレビ」、「ANNスーパーJチャンネル」、日本テレビ「スッキリ!!」、フジテレビ「めざましテレビ」、「スーパーニュース」、「とくダネ!」、「NHK福岡ロクいち！」など多数。

古田 真美（ふるた・まみ　FURUTA Mami）**世界遺産総合研究所 事務局長**

1954年広島県呉市生まれ。1977年青山学院大学文学部史学科卒業。1990年からシンクタンクせとうち総合研究機構事務局長。1998年から世界遺産総合研究所事務局長兼務。広島県景観審議会委員、NHK視聴者会議委員、広島県放置艇対策あり方検討会委員などを歴任。これまでに約40か国、約200の世界遺産地を訪問している。

【専門分野】 世界遺産入門、日本の世界遺産、世界の記憶

【著書】「世界の記憶遺産60」(幻冬舎)、「世界遺産ガイド—ユネスコ遺産の基礎知識—」、「世界遺産入門—平和と安全な社会の構築—」など多数。

【執筆】 連載「世界記憶遺産の旅Ⅱ」

【ホームページ】「世界遺産と総合学習の杜」http://www.wheritage.net/

世界遺産ガイド —アメリカ合衆国編—

2018年（平成30年）1 月 31 日　初版 第1刷

著　　　者　　古　田　陽　久　　古　田　真　美
企画・編集　　世界遺産総合研究所
発　　　行　　シンクタンクせとうち総合研究機構 ©
　　　　　　　〒731-5113
　　　　　　　広島市佐伯区美鈴が丘緑三丁目4番3号
　　　　　　　TEL＆FAX　082-926-2306
　　　　　　　郵 便 振 替　01340-0-30375
　　　　　　　電 子 メ ー ル　wheritage@tiara.ocn.ne.jp
　　　　　　　インターネット　http://www.wheritage.net
　　　　　　　出版社コード　86200

©本書の内容を複写、複製、引用、転載される場合には、必ず発行元に、事前にご連絡下さい。

Complied and Printed in Japan, 2018　ISBN978-4-86200-214-3 C1526 Y2500E

発行図書のご案内

世界遺産シリーズ

世界遺産データ・ブック 2018年版 新刊 978-4-86200-212-9 本体2600円 2017年9月発行
最新のユネスコ世界遺産1073物件の全物件名と登録基準、位置を掲載。ユネスコ世界遺産の概要も充実。世界遺産学習の上での必携の書。

世界遺産事典−1073全物件プロフィール− 新刊 2018改訂版 978-4-86200-213-6 本体2778円 2017年9月発行
世界遺産1073物件の全物件プロフィールを収録。 2018改訂版

世界遺産入門−平和と安全な社会の構築− 978-4-86200-191-7 本体2500円 2015年5月発行
世界遺産を通じて「平和」と「安全」な社会の大切さを学ぶ

世界遺産マップス −地図で見るユネスコの世界遺産− 2017改訂版 978-4-86200-206-8 本体2600円 2016年12月発行
世界遺産最新の1052物件の位置を地域別・国別に整理

世界遺産ガイド−世界遺産条約採択40周年特集− 978-4-86200-172-6 本体2381円 2012年11月発行
世界遺産の保全と持続可能な発展を考える

世界遺産フォトス 第2集−多様な世界遺産− −写真で見るユネスコの世界遺産− 4-916208-22-6 本体1905円 1999年8月発行
4-916208-50-1 本体2000円 2002年1月発行
世界遺産の多様性を写真資料で学ぶ。**第3集−海外と日本の至宝100の記憶−** 978-4-86200-148-1 本体2381円 2010年1月発行

世界遺産ガイド−日本編− 2018改訂版 新刊 978-4-86200-211-2 本体2778円 2017年8月発行
日本にある世界遺産、暫定リストを特集

世界遺産ガイド−自然遺産編− 2016改訂版 978-4-86200-198-6 本体2500円 2016年3月発行
ユネスコ自然遺産の全容を紹介

世界遺産ガイド−文化遺産編− 2016改訂版 978-4-86200-199-3 本体2500円 2016年3月発行
ユネスコ文化遺産の全容を紹介

世界遺産ガイド−複合遺産編− 2016改訂版 978-4-86200-200-6 本体2500円 2016年3月発行
ユネスコ複合遺産の全容を紹介

世界遺産ガイド−危機遺産編− 2016改訂版 978-4-86200-197-9 本体2500円 2015年12月発行
危機にさらされている世界遺産を特集

世界遺産ガイド−文化の道編− 978-4-86200-207-5 本体2500円 2016年12月発行
世界遺産に登録されている「文化の道」を特集

世界遺産ガイド−文化的景観編− 978-4-86200-150-4 本体2381円 2010年4月発行
文化的景観のカテゴリーに属する世界遺産を特集

世界遺産ガイド−複数国にまたがる世界遺産編− 978-4-86200-151-1 本体2381円 2010年6月発行
複数国にまたがる世界遺産を特集

世界遺産ガイド
−ロシア編−	978-4-86200-166-5 本体2381円 2012年4月発行	
−フランス編−	978-4-86200-160-3 本体2381円 2011年5月発行	
−英国・アイルランド編−	978-4-86200-159-7 本体2381円 2011年3月発行	
−スペイン・ポルトガル編−	978-4-86200-158-0 本体2381円 2011年2月発行	
−イタリア編−	4-86200-109-2 本体2000円 2006年1月発行	
−ドイツ編−	4-86200-101-7 本体2000円 2005年6月発行	
−知られざるエジプト編−	978-4-86200-152-8 本体2381円 2010年7月発行	
−東南アジア編−	978-4-86200-149-8 本体2381円 2010年5月発行	
−中国編−2010改訂版	978-4-86200-139-9 本体2381円 2009年10月発行	
−オーストラリア編−	4-86200-115-7 本体2000円 2006年5月発行	
−アメリカ合衆国編− 新刊	978-4-86200-214-3 本体2500円 2018年1月発行	
−メキシコ編−	978-4-86200-202-0 本体2500円 2016年8月発行	

世界遺産ガイド−人類の負の遺産と復興の遺産編− 978-4-86200-173-3 本体2000円 2013年2月発行
世界遺産から人類の負の遺産と復興の遺産を学ぶ

世界遺産ガイド−世界遺産登録をめざす富士山編− 978-4-86200-153-5 本体2381円 2010年11月発行
富士山を世界遺産登録する意味と意義を考える

世界遺産ガイド−暫定リスト記載物件編− 978-4-86200-138-2 本体2000円 2009年5月発行
世界遺産暫定リストに記載されている物件を一覧する

世界遺産ガイド−ユネスコ遺産の基礎知識− 978-4-86200-184-9 本体2500円 2014年3月発行
混同するユネスコ三大遺産の違いを明らかにする

ふるさとシリーズ

誇れる郷土データ・ブック －2020東京オリンピックに向けて－2017年版 [新刊]	978-4-86200-209-9 本体 2500円 2017年3月発行 2020年に向けて、世界に通用する魅力ある観光地域づくりの基礎資料を都道府県別に整理。
誇れる郷土データ・ブック －地方の創生と再生－ 2015年版	978-4-86200-192-4 本体 2500円 2015年5月発行 国や地域の創生や再生につながる遺産を都道府県別に整理。
誇れる郷土ガイド －日本の歴史的な町並み編－ [新刊]	978-4-86200-210-5 本体 2500円 2017年8月発行 日本を代表する歴史的な町並みを特集
誇れる郷土ガイド －自然公園法と文化財保護法－	978-4-86200-129-0 本体 2000円 2008年2月発行 自然公園法と文化財保護法について紹介する。
誇れる郷土ガイド －全国47都道府県の観光データ編－ 2010改訂版	978-4-86200-123-8 本体 2500円 2009年12月発行 各都道府県別の観光データ等の要点を整理

世界の文化シリーズ

世界遺産の無形版といえる「世界無形文化遺産」についての希少な書籍

世界無形文化遺産データ・ブック 2018年版 [近刊]	978-4-86200-216-7 本体 2778円 2018年3月発行 世界無形文化遺産の仕組みや登録されているものの全物件名を国別・地域別に整理。
世界無形文化遺産事典 2018年版 [近刊]	978-4-86200-217-4 本体 2778円 2018年3月発行 世界無形文化遺産の登録全物件のプロフィールを紹介。

世界の記憶シリーズ

ユネスコのプログラム「世界の記憶」の全体像を明らかにする日本初の書籍

世界の記憶データ・ブック 2017～2018年版 [新刊]	978-4-86200-215-0 本体 2778円 2018年1月発行 ユネスコ三大遺産事業の一つ「世界の記憶」の仕組みや427件の世界の記憶など、プログラムの全体像を明らかにする日本初のデータ・ブック。
世界記憶遺産データ・ブック 2015～2016年版	978-4-86200-196-2 本体 2778円 2015年12月発行
世界記憶遺産データ・ブック 2013～2014年版	978-4-86200-182-5 本体 2500円 2013年11月発行
世界記憶遺産データ・ブック 2012年版	978-4-86200-164-1 本体 2500円 2011年12月発行
世界の記憶遺産60 ＜幻冬舎刊＞ 古田陽久・古田真美著	978-4-344-02784-8 本体 1400円 2015年7月発行

シンクタンクせとうち総合研究機構

事務局 〒731-5113 広島市佐伯区美鈴が丘緑三丁目4番3号

書籍のご注文専用ファックス TEL&FAX082-926-2306 電子メールwheritage@orange.ocn.ne.jp